イラストで見る

全活動・全行事の

小学校**2**年

渡辺道治 編著

学級経営

のすべて

東洋館
出版社

はじめに

　毎年、多くの先生方から学級経営に関して次のような相談や質問を受けます。

「どのような状態の学級を目指せばよいのかがわかりません。」

「具体的に何にどのような順で取り組めばよいのでしょうか。」

「試した方法がうまくいかないときはどうすればいいでしょうか。」

　さまざまな特性や特徴をもった子どもたちがランダムに集う学級を、毎年安定した形でよりよい状態へ導いていくことは確かに容易ではありません。

　ある年にはうまくいった取り組みが、ある年にはまったく効果を成さないことがあります。

　導入した当初は手応えが感じられた取り組みが、突如として勢いを失うこともあります。

　つまり、「絶対解」がないことが学級経営における難しさの中心にあるということです。

　学級という名の集団は、時間と共に毎日少しずつ変化していきます。

　その集団を構成する個人も、日々変化を続けていきます。

　さらに、その集団に向き合う教師自身も、実は毎日毎年と変節を繰り返しています。

　変化だらけの構成要素の中には、確かに絶対解はありません。

　しかし、「このようにすればうまくいきやすい」という取り組みのコツや、「このようにするとまず間違いなく失敗する」という典型的な失敗例は、確実に存在します。

　私は、これらのコツや典型的な失敗例を総称して「学級経営の勘所」と呼んでいます。

　本書には、学習指導、生徒指導、行事指導、特別支援対応、保護者との連携、ICT活用など、学級経営を効果的に進めるうえでの「勘所」が多数収録されています。

　そして、1年を通じてどのように指導を組み立てていけばよいかがわかるように、4月の出会いから3月の別れまでを時系列に紹介する形を採用しました。

　日々、変化と変節を続ける学級に向き合ううえで、1年間の勘所を「網羅的」に学んでおくことには極めて大切な意味があります。

　網羅的に学ぶことで見通しがもてるようになり、そのことが教師の精神的な安定や安心をもたらすからです。

　そうした教師の余裕ある心持ちも、安定した学級経営を行ううえでの一つの勘所といえるでしょう。

　それぞれのページに収められている学級経営の勘所には、先人たちから渡された知恵の結晶がふんだんに詰まっています。

　ぜひ、目の前の子どもたちに合わせてその中からふさわしい方法を選び、柔軟にカスタマイズしながらご活用ください。

　よりよい学級を目指す全国の先生方の一助になれれば幸いです。

渡辺道治

本書活用のポイント

　本書では、４月から３月まで毎月どのような学級経営を行っていけばよいか、各月の目標・注意事項を解説しています。また、学級経営の具体的なアイデアを、イラストをもとに、どのクラスでも運用できるような形で紹介しています。是非、ご自身のクラスでも実践してみてください。

■本書の見方

月初め概論ページ

4月　進級の喜びを自信と意欲に結びつける４月

▶４月の目標

　２年生の新学期は、昨年度の学校生活を踏まえて「１年間の小学校生活を無事に送ることができた」という自信とともに始まります。２年生の４月の目標は、１年生で培った自信を大切にしながら、自分たちで行動できる範囲を増やす土台づくりといえそうです。

４月の学級経営を充実させるために

　２年生の４月にはそもそもどのような意味があるのでしょうか。まず一つは、「低学年後期」として、学校生活さまや学習の仕方の基礎を身につけてしまいたい時期です。学習面ではかけ算九九の学習は子ども自身も保護者も関心が高いことでしょう。また、生活面でも中学年の特別活動を見越して、創意工夫を生かしてさまざまなことをやってみたいと思えるような素地を養う時期間といえます。つまり、「教えられ、やってみてうまくいく」という経験をたくさん積ませる時期です。
　また、「中学年導入期」という側面も意識したいのが２学期期後半から３学期にかけてです。そのころにはやってみて楽しかったことを「もう一度やりたい」という思いも抱いていることでしょう。生活科の中で繰り返しかかわってきた「ひと・もの・こと」への愛着を基盤とした「もっとやってみたい」「こんなことも試してみたい」という思いを次の学年に引き継ぐことを視野に入れたいところです。
　このように考えてくると、自然と４月のやるべきことが定まります。
　第１に、学習面、生活面における「意欲及び前向きな雰囲気づくり」です。
　第２に、そのために必要な安心感の保障です。
　第３に、新たに見出してきた自分や友だちのよさを認め合うことです。
　第４に、以上を達成するためのルールの確立です。
　とてつもなく忙しい学級開き。忙しいときほど「何を大切にしなければいけないのか」という原点に立ち返り、優先順位をつけて取り組みましょう。

クラスの仕組みやルールづくりを焦らない

　４月は学級を安定させるためのルールづくりの時期です。しかし、すべてのルールをこの１カ月で定着させようというわけではありません。クラスのルール指導はいくつかの層に分かれています。「初めの３日で示すこと」「最初の１週間で確認していくこと」「ひと月終わるまでに周知されるべきこと」といった内容によって指導の重点と期間を区別しながら指導します。

平均には幅がある

1　半歩、動きがズレる

　「初めての進級」を華麗に成し遂げた２年生の子どもたち。どの子も顔には充実感、達成感があふれています。「さぁ、やるぞ」と意欲を燃やして元気よく登校してくる子がほとんどです。
　ほとんど？　全員ではない？　一度立ち止まり学級を隅々まで見渡してみましょう。本当に全員がやる気に満ちあふれた表情であなたを見つめていますか。
　「はい、先生の指を見て」
　と差し出した右手の人差し指に全員の視線が瞬時に集まってくるでしょうか。みんなから半歩ズレて動き出す子はいませんでしょうか。
　「１年間のスタートダッシュ」のための「黄金の三日間」に向け綿密に準備をしていた先生の目に、半歩ズレて動き出す子はどう映るでしょう。否定的に捉えられるかもしれません。「２年生なのに！」（しっかりしなさい）と強い指導の対象になってしまうことがあるのかもしれません。全員がピシッとそろって瞬時に動ける学級が先輩教師や同僚から称賛される雰囲気があるのかもしれません。

2　足並みが揃う

　そもそも学級全員のいわゆる足並みがそろうことはあるのでしょうか。川上（2022）は、「〇年生ならこれくらいできる」は教師側の「認知バイアス（cognitive bias）」によるものと整理できると指摘しています。同じ学年であっても子どもたちの実態は多様であり、開きがあります。川上は学級の実態には常に「幅」があることを、便宜上、知能指数（IQ）を用いて示しています。仮にIQ70～130までが同じ学級内にいるとすれば、小２段階で８±2.5歳の幅があり、同じ学級の中に、5.5歳～10.5歳の子どもたちが過ごしているのです。通常学級であってもこれだけの幅があるのです。具体的なイメージが湧いてきましたでしょうか。ここまで、幅がある集団に対して一様に指示を出し、一様な動きを求めることはどうでしょう。先生が思い描いていた１年間のスタート予想図と実際の様子はズレてしまうかもしれません。半歩ズレて動き出す子も先生の大切な学級の一員なのです（学年内の開き、幅がある子どもたちを示すために便宜上用いている知能指数（IQ）ですが、知能指数だけですべてが決まるわけではありませんし、その他のスキル等を含めて総合的に子どもの様子をとらえていくという現在の国際社会の考え方を支持している川上先生に同意していることを付記します）。
　IQだけでもこれだけの幅があり、多様な子がいるという前提に立つ必要があります。子どもたちの様子を日々観察し、寄り添った指導・支援を展開していくことが重要です。ただし、IQだけを頼りに子どもたちを見ることは大変に危険です。なかには拙速なレッテル貼りにつながってしまうことも予想されます。ここは慎重of慎重に。

引用・参考文献
川上康則著，2022『教室マルトリートメント』東洋館出版社，pp.160-166

目標・注意事項

　その月の学級経営での目標、考え方、注意事項を紹介しています。月ごとに何をやるべきなのかを学年で共有する際、このページが参考になります。１年間というスパンで子ども・クラスの成長を捉える中で、月ごとにPDCAを回していきましょう。

月のねらいに合わせた実践例

　ここでは、その月のねらいを達成するために、オリジナルの実践例を紹介しています。教師の言葉かけから、ゲームなど幅広い内容となっています。自身の学級経営にマンネリを感じてきたら、是非、ここでのアイデアを実践してみてください。

1年間を
見通した
学級経営を！

学級経営アイデア紹介ページ

③ 活動の流れ

　紹介する活動について、そのねらいや流れ、指導上の留意点をイラストとともに記しています。その活動のねらいを教師がしっかりと理解することで、教師の言葉かけも変わってきます。この一連の活動で、その月の学級経営の充実を目指していきます。

④ 中心となる活動・場面など

　紹介する活動において、中心となる活動や場面、教材、板書例などに焦点を当て、活動の大切なポイントを解説しています。その後のゴールのイメージをもつ際に役立ちます。学級経営では、子どもの発言を受け止める、つぶやきを大切にする、温かな言葉かけが大切です。

もくじ

1 第２学年における学級経営のポイント

2 第２学年の学級経営

4月 進級の喜びを自信と意欲に結びつける４月 ……38

5月 学級の仕組みをあたたかく定着させる５月 ……60

6月 体験的な学びのサイクルを回し始める６月 ……70

第2学年における学級経営のポイント

1

学級経営を充実させるための「勘所」

1 集まりからチームへ

ほとんどの場合、4月のクラスは「チーム」とは程遠い状態でスタートします。

確かな秩序や明確な目的もなく、偶然集められたメンバーが一つの教室に収まっただけ。

そういった意味で、最初の段階の学級は「集まり」といった方が近いでしょう。

この偶然の集まりに、秩序をもたらすにはどうすればいいのでしょうか。

この偶然の集まりが、進むべき目的や指針を得るにはどうすればいいのでしょうか。

この偶然の集まりを、自分たちだけで動けるチームにするためには何が必要なのでしょうか。

答えは、いくつも浮かんでくるはずです。

では、その浮かんだ答えを手当たり次第にすべて実践すれば質の高い学級集団が実現できるかというと、そうではありません。

どんな物事にもコツや要点があるのと同じように、学級経営にもいくつかの「勘所」が存在します。

その勘所を押さえつつ、目の前の子どもたちに合わせてよりよい方法を選択・カスタマイズしていくことが、学級経営においては極めて大切です。

2 終わりを思い描くことから始めよう

学級経営における勘所の一つ。

それが、「終わり」を思い描くことです。

最終的にどんなクラスにしたいのか。どうやって1年を終えるのか。

自分たちの目指す最終到達点をクリアにしてから、進んでいくということです。

たとえば私は、「学級経営ノート」を毎年つくっています。

その1ページ目には、毎回「1年でどんなクラスを目指すのか」というゴールを明確に書きます。

子どもたちとの別れの場面、そのときのクラスの姿を明確に思い描くことを出発点として、そこに至るためには今何をすればよいかという思考で、4月から戦略的に学級経営を行ってきました。

このように、到達したい未来の姿を思い描き、そこから逆算して今何をすべきかを考える思考法のことを「バックキャスティング」といいます。

目的地が決まれば、今なすべきことが見えてきます。

目的地が決まれば、物事に取り組む意欲が湧いてきます。

反対に、目的のない活動や取り組みは停滞します。

どこに向かっているのか、何のためにするのかが不明だからです。

先に書いた通り、4月のクラスは「チーム」とは程遠い状態でスタートします。

だからこそ、どこに向かっていくのか、何を目的にして歩んでいくのか、まずは教師自身が明確に思い描いておくことが大切です。

3 道のりを細分化し、ふさわしい方法を選択し、カスタマイズしていくこと

ゴールが決まったならば、そこに至る過程を細分化してみましょう。

私は、先の「学級経営ノート」に最上位目標であるゴールを書いた後、そこに到達するために必要な要素をカテゴリーごとに分けて書き出していきます。

学級組織図、各教科の重点指導項目、生徒指導の要点、継続して積み上げる必要のある力、昨年の学級経営の反省点、扱う教材、保護者・同僚との連携の在り方、学級通信の方向性……。

これが、いわゆる「学級経営案」の原型です。

目指すゴールに向けて、どのような計画や方法でクラスの歩みを進めていくのかをできる限り具体的に書き出していきます。

もちろん、この時点で考えた方法が、実際の子どもたちにフィットしないこともあるでしょう。

むしろ、計画通りに進むことの方が実際には少ないはずですから、そのときのクラスの状況や子どもたちの成長の度合いに合わせて「微修正」を加えていくことが必要です。

ゴールを明確に思い描き、そこに至るための方法を選択し、状況に合わせてカスタマイズすること

これが、学級経営を充実させていくうえで非常に重要なポイントです。

2年生の担任になったら
〜準備の進め方の勘所〜

1 チェックリストを活用して新年度の準備を進めよう

　安定した学級経営は、安定した「準備」から始まります。

　とはいえ、準備の内容は多岐にわたり、その量も膨大であるため、何から準備すればいいのか、どこまですればいいのかが見通せなくなることもしばしばでしょう。

　準備が足りているかどうかわからぬ不安な状態で学級の船出を始めることは、避けたいものです。その不安な心持ちが、教師の一挙手一投足に表れてしまうからです。

　そこで私は、「新年度チェックリスト」を活用して準備を進めています。

　リストを使うことによって、準備漏れが減り、一定の見通しが立ち、安定した心持ちで子どもたちの前に立つことができるからです。p.12〜15ページに見開きでそのリスト例を公開しておきますので、ぜひ各学校の実態に合わせてカスタマイズしながらお使いください。

2 限られた時間を有効活用して準備を進めよう

　チェックリスト例の中には、たとえば「子どもの名前を覚える」という項目があります。

　とてもシンプルな準備ですが、効果は絶大です。出会いの日に、すでに自分の名前を覚えてもらっていたことを知った子たちは、教師に対して親しみや尊敬の念を覚えることでしょう。

　「名前を覚える」、たったそれだけでのことで、初日からぐっと心をつかむことができるのです。

　しかし、名前を覚えるためだけにたくさんの時間を割くわけにはいきません。

　準備に使える時間はそれほど多くないことがほとんどだからです。

　私は、「名前を覚える」作業を「教室環境の整備」をしながら行うことが多いです。

　机や椅子を配置し、子どもたちの動線を確認し、掲示物等を整えながら、子どもの名前を唱えて覚えていくのです（慣れると、30分くらいで全員の名前が覚えられるようになります。）

　要は、限られた時間を効果的に使いながら準備を進めていくために、工夫をしようということです。

　並行して行えるものは並行して行う、一からつくるよりたたき台があるのならばそれを微修正する形を採用する、アイデアが浮かばなければ先人の知恵をまずはトレースしてみる、などなど。

　時間を有効に使うことで、多くのタスクがこなせるようになり、適度な余白が生まれていくようになります。この余白が、さらなるアイデアを生み出したり、もう一歩、準備の詰めがしたいと思えるようになったりという前向きな思考の循環を促すことにつながっていきます。

③ 優先順位を決めて準備を進めよう

1年の大事なスタートですから、すべての準備を入念に完璧に進めたいと思うあまり、毎年時間が足りなくなって困っているというケースは少なくありません。

その気持ちは痛いほどにわかりますが、すべての準備に100%の力を注ぐことは不可能です。

ですから、「力の配分」や「軽重の加減」が必要となってきます。

私は、準備の内容を大きく3つに分けることが多いです。

「絶対に行うもの」と「可能な限り行うもの」と「余裕があれば行う」の3段階です。

これらをたとえばABCなどのラベリングで分けてしまえば、優先度のちがいが一目瞭然です。

Aのものから順に片づけていき、まとめられるBのものは同時並行で準備を進め、生み出した余白でCに取り掛かる…のようにすれば、準備の質はおのずと高まっていきます。

なお、この優先度を分ける方法は準備の際のみに使えるものではなく、学級がスタートしてからも活用が可能です。「『黄金の三日間』で行うことのABC」「授業開きで行うことのABC」「学年会で話し合う内容のABC」など、普段から仕事の優先度を考えられるように鍛錬しておくことは、仕事の質を高めることにつながっていきます。

ここまで、新年度の準備の進め方における勘所について述べてきました。まとめると、

---

① 漏れ落ちをなくすための仕組みをつくること

② 時間を有効活用するための工夫をすること

③ 優先度の高いものから順に進めていくこと

が大切だということです。

④ 時には遊び心も大切にして

先の優先度について書いた項で、たとえば、「C」に該当したものがあったとします。

優先度は高くないけれど、余裕があれば行いたいと自分が考えるもの。

私の経験則では、得てしてこのカテゴリーの内容に大切なものが詰まっていたりします。

ある年、2年生を担任した私の学級経営ノートには、このカテゴリーの中に「去年使った教科書に目を通しておく」という項目が書かれていました。

私はそのとき、1年生で使った教科書を最初から一枚一枚めくって読み込んでいきました。

ひらがなを学び、カタカナを学び、漢字を一文字一文字学び、夏休み明けにようやく出てくるのが「大きなかぶ」という教材で…。国語の教科書を読むだけでも、子どもたちがどのようなストーリーを経て昨年1年間を過ごしてきたかがイメージできて、それは豊かな時間が過ぎていきました。

準備に追われることの多い年度初めの時期ですが、意図的に余白を生み出し、それを活用する中で遊び心やゆとりを楽しめるようになると、より学級経営に前向きな気持ちで臨めるようになるのではないかと思います。

実物資料（新年度チェックリスト例）

１．書類・事務関係
- [ ] 学級名簿の確認
- [ ] 氏名印整理
- [ ] 図書カードの作成
- [ ] 家庭調査表の整理
- [ ] 家庭生活調査票の整理
- [ ] 健康調査票の整理
- [ ] 健康の記録の整理
- [ ] 諸費袋製作
- [ ] 学級健康保健簿の作成
- [ ] クラス名簿のコピー

２．確認・チェックしておくこと
- [ ] 名前の読み方
- [ ] 誕生日
- [ ] 兄弟関係
- [ ] 欠席時のお知らせを頼む人
- [ ] 地図上に児童の自宅位置を記す（家庭訪問までに、地図に書いておく）
- [ ] 指導要録を見ておく
- [ ] 気になる子の情報を前担任から聞く
- [ ] 運営計画を読み込む
- [ ] 読んでわからないところを同僚に聞く
- [ ] 「学校のきまり」（特に持ち物、ノート規定）をよく読む
- [ ] 下足・傘たての場所の確認
- [ ] 担当の掃除場所の確認
- [ ] 学年で合わせておくことを話し合う
- [ ] １年間の学年の仕事を分担する

３．教室環境・備品
- [ ] 教室の設計（主に机の位置。教師の視線が届くように、動線が途切れぬように）
- [ ] 机の数・高さ確認
- [ ] 机の位置に目印をつける
- [ ] 棚やコート掛けの割り当て
- [ ] 掃除用具の確認
- [ ] 小黒板・定規などの確認

- ☐ 掲示物の確認（※前面掲示は極力シンプルに。できればなくす）
- ☐ 貸し出しセットボックスの配置
- ☐ 学級文庫の設置
- ☐ クールダウンスペースの設置
- ☐ ワークスペースの学年で使用する物品の確認
- ☐ きれいに掃除する
- ☐ その他必要なものをリストアップする

４．貸し出し用に用意しておくもの

- ☐ えんぴつ（Ｂか２Ｂ）２ダースくらい
- ☐ 赤えんぴつ（三菱2351）２ダースくらい
- ☐ 消しゴム（白い事務用）10こくらい
- ☐ 下敷き５〜10枚くらい
- ☐ ミニ定規（10センチ程度）10本
- ☐ 三角定規10セットくらい
- ☐ コンパス10個くらい
- ☐ 名前ペン10本くらい
- ☐ プリットノリ10こくらい
- ☐ ハサミ10本くらい
- ☐ トレーシングペーパーをカットして多めに
- ☐ 貸し出し用の筆箱を２セットほど
- ☐ 貸し出し用ノートの印刷
- ☐ 原稿用紙の印刷（学校規定のものがある場合は省略）
- ☐ 以上の貸し出すものを一つにボックスにまとめておく

５．名前シール・ネームプレート

- ☐ くつ箱用
- ☐ 棚用
- ☐ コート掛け用
- ☐ ネームプレート大
- ☐ ネームプレート小　（※ネームプレートはなくてもいいが、あると便利）

６．教材採択

- ☐ 国語テスト
- ☐ 算数テスト
- ☐ 社会テスト
- ☐ 理科テスト

- ☐ 漢字教材
- ☐ 計算教材
- ☐ ワーク・資料集など

（※学年で相談して決める場合は、採択したい教材の優先順位を確定しておく）

７．「黄金の三日間」に向けて

- ☐ 子どもの名前を覚える
- ☐ 子どもの名前を紙を見ないで呼名できるように準備する
- ☐ 学級経営用のノートを用意する
- ☐ 出迎えのメッセージを黒板に書く（花なども飾ってあるとよい）
- ☐ 自己紹介・挨拶
- ☐ 最初の日に話すことを考える（所信表明、ルールなど）
- ☐ 自分が話す通りにノートに書く
- ☐ 語りを練習する
- ☐ 三日間のタイムスケジュールを確認する
- ☐ 三日間ですることを具体的に紙に書き出す
- ☐ 書き出したものを優先順位でABCに分類しておく
- ☐ 最初の授業を考える（とびきり楽しい、知的な授業）
- ☐ 漢字、計算力をチェックするためのテストの用意
- ☐ 特別支援対応教材の準備（SST教材、かるた教材、聴覚入力・視覚入力の簡易チェック教材など）
- ☐ 三日間でクラス全員の名前をほめるための名簿を準備する（ほめた子から名簿に書き込んでいく）
- ☐ 学級通信の方向を決める（誰に向けて、どんな内容で）
- ☐ 学級通信を書く
- ☐ 初日の配布物のチェック
- ☐ 時間割の作成
- ☐ 掲示用時間割の作成
- ☐ 児童用時間割の作成
- ☐ 年間指導計画の作成
- ☐ 各教科１単元分くらいの教材研究

８．クラスの仕組み・ルール

- ☐ １年後のクラスの姿を描く
- ☐ 今年度の教師としての個人目標を設定する
- ☐ 今年度のクラスとしての目標を設定する
- ☐ 具体的な作戦を立てる
- ☐ 学級組織の編成（生活班、リーダーなど）
- ☐ お道具箱の中身（箱にするか袋にするかも）

- [ ] 筆箱の中身
- [ ] 当番のシステム
- [ ] 日直のシステム
- [ ] 給食のシステム
- [ ] 掃除のシステム
- [ ] ワークスペースの使用ルール
- [ ] 夏季の休み時間の過ごし方（遊びのルール）
- [ ] 冬季の休み時間の過ごし方（遊びのルール）
- [ ] 朝の会のシステム
- [ ] 帰りの会のシステム
- [ ] 席替えのシステム
- [ ] 各システムを実行するために必要な小道具の製作（当番の札、わりばしくじなど）
- [ ] けんかのさばき方
- [ ] 忘れ物のチェック方法
- [ ] 忘れ物をした子への対応
- [ ] 道具の貸し借りのルール
- [ ] 宿題の方針（時間、出す種類など）
- [ ] 宿題のチェックシステム
- [ ] 授業中の細かいルール（手の挙げ方、返事の仕方、発表の仕方など）

出会いから3日間
～関係の基礎をつくろう～

1 スタートから3日間の勘所を確定しておくこと

　学級のスタートからの3日間は、「黄金の三日間」と呼ばれるほど大切な時間であることは、すでに学校現場で広く認知されるようになりました。

　一方、年度初めはやるべきことがてんこ盛りであり、学級指導にそれほど多くの時間がとれないこともまた現場の肌感覚であるはずです。

　こうしたときにも、先に紹介した「優先度の振り分け」が生きてきます。

　私の学級経営ノートには、第1日目の計画として「絶対にすること」（A）と「できればすること」（B）の2つが箇条書きで書かれていました。

> 　「A」は初日のうちに確実に行い、その上で時間の余裕があったならば「B」の中から優先度の高い順に学級で行っていく。その上で「B」の中でできなかったものについては2日目以降で行うこととする。以降、学級開きの3日間については同様のやり方で進めていく。

　このようなイメージで、学級開きの3日間を過ごしてきました。

　クラスによっては、次々とスムーズに事が運び、2日目以降に計画していたことが前倒しでどんどん初日に終わる場合もありましたし、その逆ももちろんありました。

　要は、「これだけは」という優先度を決めて臨むからこそ、不測の事態にも揺らぐことなく安定した心持ちで子どもたちの前に立てるということです。

2 第一印象をどのように与えるかをシミュレートしておくこと

　ある年の学級経営ノートには、「初日に絶対にすること」として次の3つが書かれていました。

> ・呼名（子どもの目を見て、笑顔で）
> ・所信表明（学校には何のために来る場所なのか、クラスはどこを目指して進むのか）
> ・○○さんと○○さんを含む12名以上を全体の前で力強くほめる

　どんなことでも、「最低限これだけは」という観点で突き詰めて考えると、項目数は大変少なくなりますし、内容も極めてシンプルになります。

　ちなみに1つ目の「呼名」は、先に書いた通り、子どもたちの心の把手をつかむための大切なアクションです。「先生は自分の名前をもう覚えてくれている」というプレゼントを初日に渡すのです。

2つ目の所信表明は、バックキャスティングで描いた「どこに向かうのか」「どのように向かうのか」を伝えることです。学校は何をするところかを明確にし、目的地をクラス全員に示します。

　そして3つ目の「ほめる」というかかわり。私は毎年、「出会いの日から3日間の内に、クラス全員の名前を呼んで全体の場で力強くほめる」ということを行っています。

　たとえば、クラスに一定数いる発達の凸凹の大きい子どもたちは、その多くが「認知の修正がききにくい」という特徴をもっています。つまり、第一印象がはがれにくいのです。

　初対面で「嫌な奴」と認知されてしまえば、その後そのイメージを修正するのに多くの時間と労力がかかります。さらに「敵だ」と認知されては反発や攻撃の対象になることすらあります。

　だからこそ、その後のあらゆる指導を円滑に行うためにも、「嫌な奴」ではなく「この先生好きだな」と思ってもらうことが極めて大切なのです。

　そのために、まずは「笑顔で呼名」というプレゼントを贈ります。

　そして、出会ってから3日間のうちにその子のことを全体の場でほめるようにします。

　その子のよさを引き出し、取り上げ、みんなの前で認めて価値づけるのです。

　特に、前学年からの引き継ぎの際に、クラスの中でもキーマンになることが予想される子は、可能な限り「初日」にほめることをおすすめします。

　そして、誰をほめたか否かを明確にするために、私はここでもチェックリストを活用しています。p.18〜19にサンプルを紹介しますので、ご活用ください。

　クラスが始まって間もなく、担任の先生が自分の名前を覚えていてくれて、しかも自分のよいところを取り上げてほめてくれた。

　この確かな事実が、よい関係をつくる基礎を築いていってくれます。

　なお、このほめた事実を私は学級通信や一筆箋で保護者の方にも伝えるようにしています。

　関係の基礎をつくるのは、子どもたちとだけでなく、保護者の方との間においても同様です。

　最愛のわが子を大切に受け入れてくれたという感覚を保護者の方が覚えることは、学級経営において大きな追い風をもたらしてくれます。

３ 出会いの授業で「知的で楽しい成長体験」を

　そして、2日目や3日目において、「出会いの授業」を実施するとよいでしょう。

　出会いの授業の条件は、とにかく「知的で楽しい」ことです。

　先の「第一印象がはがれにくい」という特徴をもった子たちを含め、クラスのみんなが「先生の授業は楽しい」と感じることは、これもまた学級に大きな価値をもたらします。

　そして、出会いの授業にもう一つだけ条件を付け加えるならば、「どの子にも『できた！』という成長を実感させる」ことを挙げます。

　知的で楽しく、さらに自分の成長を実感できる授業が実施できたならば、学級経営において極めて重要なポイントである「関係の基礎」がガッチリと形作られていきます。

実物資料　（出会いの３日間におけるほめ・認めリスト）

	名前	4/5	4/6	4/7
1	山田太郎	全校朝会での起立がクラスで最も早かった。		
2	山田太郎		朝一番の挨拶が爽やか。お辞儀も丁寧だった。	体育の授業で初めて跳び箱を跳ぶことができた。
3	山田太郎	進級メッセージの仕掛けにいち早く気づいて発表した。		
4	山田太郎		早くはっきり歯切れよくの音読が誰よりも上手だった。	
5	山田太郎		詩の授業で一番最初に暗唱を成功してミニ先生になった。	
6	山田太郎	校長先生の話を聞いている時の姿勢が非常に美しかった。		
7	山田太郎		「陰徳」を教えた後に、自分で早速取り組んで行動していた。	暗唱を家で進んで練習し、すでに2つ目の詩文を覚えた。
8	山田太郎	呼名の時の返事が女子で一番響いていた。	手伝ってくれた友だちに自然と「ありがとう」の言葉をかけていた。	
9	山田太郎	教室に到着した後、率先して教室の電気を点けた		ミニゲームの時に、誰よりも楽しそうに参加。周りを盛り上げた。
10	山田太郎		算数ノートの書き方の練習、とても美しく書き取ることができた。	間違えた友だちに優しく「ドンマイ」と声をかけていた。
11	山田太郎		先輩のノートを見せたときの反応が前向きな言葉にあふれていた。	
12	山田太郎	新しい教科書を運ぶのを進んで手伝ってくれた。		
13	山田太郎		「先生何か手伝いますか？」と尋ねてくれた。	
14	山田太郎	帰り際、乱れた机をさりげなく整えていた。	筆箱の中身がすべて教えた通りにそろえることができていた。	
15	山田太郎			算数の難問、何回×をもらっても繰り返してチャレンジができた。
16	山田太郎		初日の宿題「持ち物にすべて名前を書く」が完璧にできていた。	
17	山田太郎	担任発表のあと、真っ先に「よろしくお願いします」と握手にきた。		
18	山田太郎		給食準備の際、誰よりも早く動いて配膳をしていた。	友だちが跳び箱を成功したときに「おめでとう」と声をかけ喜び合っていた。
19	山田太郎	新しい教科書を運ぶのを進んで手伝ってくれた。		
20	山田太郎		掃除の際の雑巾がけがとても丁寧、隅まできちんとふいていた。	

	名前	4/5	4/6	4/7
21	山田太郎	友だちの正解や成功に拍手をして自分のことのように喜んでいた。		
22	山田太郎	呼名の時の返事が男子で一番響いていた。	初日の宿題「持ち物にすべて名前を書く」が完璧にできていた。	
23	山田太郎		初日にはできなかった返事ができるようになった。	
24	山田太郎			体育の授業で初めて跳び箱を跳ぶことができた。
25	山田太郎	出会いの初日の間、ずっと笑顔が絶えなかった。	当番を決定するときに、重なった役で友だちに譲ることができた。	3日間連続で自分から先に挨拶をすることができた。
26	山田太郎		手の挙げ方が教えていないうちからきれいだった。肘まで伸びていた。	
27	山田太郎	新しい教科書を運ぶのを進んで手伝ってくれた。		体育の授業で初めて跳び箱を跳ぶことができた。
28	山田太郎		初日の宿題「持ち物にすべて名前を書く」が完璧にできていた。	
29	山田太郎	プリントを配るのを進んで手伝ってくれた。		
30	山田太郎		わからないことを自分から質問に来ることができた。	出会いの作文に感謝の言葉があふれていた。読み上げると拍手が起きた。
31	山田太郎		「〇〇先生おはようございます」と名前を読んで元気に挨拶ができた。	
32	山田太郎	新しい教科書を運ぶのを進んで手伝ってくれた。		教えた通りに忘れ物の報告とお詫びと対策を伝えることができた。
33	山田太郎		漢字の指書きの声が最初から最後まで途切れなかった。	体育の授業で初めて跳び箱を跳ぶことができた。
34	山田太郎	所信表明の語りのときに、深くうなずきながら話を聞いていた。		体育の授業で初めて跳び箱を跳ぶことができた。
35	山田太郎	質問タイムの時間に積極的に手を挙げて発表した。		
36				
37				
38				
39				
40				

最初の1週間〜1か月 〜仕組みの基礎をつくろう〜

❶ 学習の仕組みの基礎をつくる

　学級のスタートにおいて「関係の基礎」をつくっていくと同時に、およそ1週間を目安として「仕組みの基礎」をつくっていきます。

　先の新年度チェックリストには、「クラスの仕組み・ルール」というカテゴリーで、およそ20の項目が書いてあります。たとえば、「筆箱の中身」を例にとります。

　鉛筆は何本入れるといいでしょうか。

　消しゴムの指定はあるでしょうか。

　シャープペンシルやボールペンは使ってもいいのでしょうか。

　ミニ定規はどのようなものを使えばいいでしょうか。

　そもそも筆箱のデザインは自由なのでしょうか。

　「学校のきまり」として決まっているところもあるかと思いますが、こうした些細なところでさえきちんと確認をしないと、クラスによって微妙にルールが異なっていきます。

　こうした「仕組み」については、できるだけ早い段階で、全体に周知し確認しておくのがいいでしょう。その目安がおよそ1週間ということです。

　なお、その全体とは、子どもたちだけでなく保護者も含みます。

　整えた仕組みについては学級通信などで知らせるようにすると、より仕組みがカチッと決まり、学級に安定がもたらされていきます（p.22〜23に該当の学級通信実物資料を載せたので参考にして下さい）。

❷ 仕組みをつくる際は「納得」や「憧れ」を

　クラスの仕組みをつくったり整えたりするときに、重要なポイントがあります。

　それは、「納得」や「憧れ」を生み出しながら進めていくということです。

　学級を統率するリーダーである教師がトップダウンで次々と仕組みをつくっていく方法もありますが、そればかりを続けてしまうと、肝心の関係に亀裂が入りかねません。

　先の「筆箱の中身」ひとつとっても、私は実物資料で示したような説明をし、それを保護者の方にも伝えるようにしています。そのようにすることで、子どもたちや保護者の中に「納得」が生まれるからです。

　ほかにも、たとえば「ノートの書き方」について説明をするとき。

私は、それまでに担任した子どもたちのノートを見せたり、書籍などから見本となるノートを子どもたちにまず見せるようにしています。以下、実際の学級通信から文章を抜粋します。

> 　最初に見せたのは、今まで受けもった子たちが書いたノートです。
> 　全員に配布し、感想を聞きました。
> 「字がきれい！」「間違えた問題に赤で×がついてる」「字が濃い」「マルがとってもきれい」「感想みたいな文が書いてある」「大切な所をかこんでいる」「日付が毎日書いてある」
> 　クラス全体から、驚きの声が上がりました。
> 　素晴らしいのは、整えたノートを書く上で大切なエッセンスが、みんなの中からほとんど出てきたことです。
> 　そして、次のように言いました。
> 「算数の勉強ができる子は、どの子もノートが大変きれいです。これからうっとりするぐらいきれいなノートが書けるように、一緒に勉強していきましょう。みんなも同じようなノートが、必ず書けるようになりますよ」

　これは、ノートの手本を示すとともに「憧れ」をもたせるために行った指導です。「こんなふうになりたい」と思えることは、新たな仕組みやルールを運用していく上での原動力となります。
　「筆箱の中身」や「ノートの書き方」は一つの例です。ぜひ、新たな仕組みをつくる際は子どもたちの「納得」や「憧れ」を伴って進められるように工夫してみてください（ノートの書き方についての学級通信実物資料もp.24〜25で紹介しておきます）。

③ つくった仕組みを定着させていく

　たとえどれだけ丁寧に仕組みをつくってクラスに導入したとしても、それが定着するまでには時間がかかります。行動心理学における「インキュベートの法則」をご存じでしょうか。それは、

> 　新たに習慣にしたいことは21日間続ければ、最初は意識していた行動（顕在意識）が無意識の行動（潜在意識）になり、定着していく。

というもの。日数についてはいくつかの説がありますが、要は新たな習慣が形作られるためには、数日やそこらでは難しいということがこの法則からもわかります。
　学級における仕組みも同様で、数日間で全員に定着するということはほぼあり得ません。
　定着し、習慣化がなされていくまでには、相応の時間が必要となります。
　その目安はおよそ1カ月といったところでしょう。
　とはいえ、仕組みをつくって1カ月放っておいたら定着するというものでもありません。
　仕組みは、運用するうえで常に一定のほころびが出るものですし、エラーが生じるものです。
　それを乗り越え、定着を目指していく上では、教師の適切なかかわりが必要です。特定の行動が増えていくかかわりを心理学の用語で「強化」といいますが、その中心が「ほめる」というかかわりです。次項では、そのほめ方の要点について述べていきます。

実物資料　（文房具の仕組みについての学級通信）

2021年度屯田西小学校2年4組渡辺学級・学級通信
パズる＆バズる
PUZZLE ＆ BUZZLE
（第9号）
2021年4月8日

魔法の文房具は眠っていませんか？

　『パズる＆バズる』第2号には、学習用具のことを載せておきました。
　単なる忘れ物を防止するためのチェックリストではありません。
　賢くなるための文具には、実はある「決まり」があります。
　プロのスポーツ選手は、自分の力を最大限に発揮する為に使う道具をきちんと見定めて選ぶように、学習中に常に使い続ける文具にも見定め方があります。
　キーワードは、「簡素」と「使いやすさ」です。
　教室では実物を見せながら、なぜその文具を使うと良いか趣意説明を伝えました。（実際に、鉛筆、赤鉛筆、消しゴム、ノートを例にとって、どんな文具が望ましいのか、説明を行いました。）
　文具の中で何よりも大切なのは、筆箱とその中身です。
　毎日使うものですから、授業中の集中力に与える影響は計り知れません。
　人間は情報の約8割を目から得ているため、学習に必要ない情報は出来るだけカットできる環境を作ることが望ましいです。
　カッコいいキャラクターがちりばめられた鉛筆や、キラキラと光るアクセサリーのような筆箱を使う子どもたちが高学年になるにつれて増えてきますが、こと学習に使うものとしてはあまり適していません。（もちろん他の用途に使う場合は問題ありません。）
　無意識に使っているようであっても、人間は目に入るもの全てから情報を受け取り、脳で処理しています。
　必然的に、学習で日常的に使う文具は、色や絵が少ない「簡素」なものが一番適しているということになります。
　「使いやすさ」も然りです。

鉛筆は丸型であると転がってしまい、よく机から落ちます。

消しゴムは色つきであると、消しやすさが落ちます。

ミニ定規は長すぎると小回りが利かず、線を書くスピードが落ちます。

また、「鉛筆」に対する「ボールペン・シャーペン」についても次のように伝えるようにしています。

人間の指先は、「第二の脳」とも呼ばれるほど脳との結びつきが強く、多くの情報を送っています。

指先に力をほとんど入れる事なくサラサラ書けるボールペンやシャーペンより、ある程度筆圧を加えて書く鉛筆の方が、勉強した内容がより残りやすく覚えやすいのです。

また、鉛筆は薄く書いたり色を塗ったり微妙な調節がきき、しかも消す事ができます。ボールペンはそれができません。シャーペンは芯が折れやすく、授業中そっちに神経がいって勉強に集中しにくくなります。

ですから、鉛筆・赤鉛筆を使います。

他の文具も、質問があれば随時説明をする予定です。

もちろん、それらを無理にそろえる必要はありません。

今ある文具を大切に使うことは、それ以上に大切なことでもあります。

ですから教室では次のように伝えました。

無理に文房具を買う必要は全くありません。

今持っているものを大切に伝う事がまずは一番大切です。

ですが、お家に「絵や柄が少なくて」「使いやすい」魔法の文具が眠っている場合は、学校ではそっちを使うようにするといいですね。

みんな、とても納得した様子で聞いてくれました。

というわけで改めて、毎日欠かす事なく使う定番の文房具のリストを載せておきます。

□ 削った鉛筆5本程度（Bよりこいもの）
□ 削った赤鉛筆（できれば2本）
□ 消しゴム（無地で消えやすいもの）
□ ミニ定規（10cm程度のもの）
□ ネームペン（油性）
□ 下敷き（※字形を整える上で、一年間通じて使用します。）

一つ一つがとても大切なものですから、ぜひご家庭でも声をかけて頂ければと思います。

実物資料　（ノートの書き方についての学級通信）

一生使う大切な学習技能

　金曜日は配布物を忘れてしまい、申し訳ありませんでした。

　あ！と気づいたときは、すでに時遅し。

　前にこんなことがあったのは、何年前だったか思い出せないくらいですが、とにかく起きてしまったことについては弁解の余地もありません。

　何件かのご家庭にはお電話させていただきましたが、どの方も優しく温かく受け止めて下さり、救われる思いがしました。

　ありがとうございました。

　楽天的過ぎるかもしれませんが、お家の方の声を聞かせてもらえるチャンスをもらったのだと切り替え、反省しながらダイヤルをした次第です。

　さて、かつての教え子たちからよく手紙が届きます。

　中には、みんなで話し合ったのか十何通まとめて届くことも。

　15年前、教師になりたての時に担任したクラスの子どもたち（その時も2年生）からもそのように手紙が届きました。

　東京から、高知から、奈良から、大阪から。

　いろんなところから届きました。

　2年生で一度担任しただけなのに、こうしてわざわざ北海道まで便りをくれることに、年甲斐もなく目頭が熱くなりました。

　そこに、とても興味深いことが書いてありました。

　お勉強に関することです。

　高知大学に通っているその子は、「何度も×をつけてもらったから数学が得意になりました。」と書いていました。

　「ノートの書き方、今も同じように書いてます！」とも。

　実は、同じような内容を卒業後に話す子は、少なくありません。

　小学校の時だけでなく、進学後に改めてやっていて良かった！と思ったという話を何度も聞きました。

とりわけ、算数に関しては、次の３つことを頻繁に聞きます。
　「間違いを消さずにきちんと×をつけるクセをつけたこと」
　「きれいにノートを書くこと」
　「間違った問題に印をつけて、できるまで何度もやり直すこと」
　これです。
　実は、すでに２－４でも伝え続けています。
　例えば、ノートの書き方です。
　私は、学習技能の中でも取り分け「ノートを書く技能」は大切だと思っています。
　ですから、どの学年を受け持っても「ノートをどのように書くのが良いのか」ということを１年間教え続けます。
　こうした学習技能は、一度身についてしまえばその後大きな力となって自分を支え続けてくれるからです。
　中でも大切なのが、算数のノートです。
　算数のノートには、ノート指導を行う上で重要なエッセンスが全てつまっています。
　通常、２年生以上の学年であれば、以下の８つを教えます。（１年生の場合は、これらを若干簡素化したものを教えます。）

①授業前に日付・ページ・タイトルを書いておく。
②線を引く時はミニ定規を使う。
③丸をつけるときは、閉じた丁寧な丸をつける。
④下敷きを敷く。
⑤字は、濃く太く大きく書く。
⑥答えが間違っていても消しゴムは使わない。大きく×をつける。
⑦補助計算を大きく書く。
⑧間をゆったり空けて、見やすく復習しやすいように書く。

　もちろん、いきなり全てを詰め込むわけではなく、少しずつ大切な技能を教え、練習していく予定です。
　中でも、次の３つは特に大切です。

○ 間違っても消しゴムは使わない

　「日本のロケット開発の父」と言われる糸川英夫氏。
　日本を代表する工学者です。まぎれもない数学の天才です。
　あの宇宙探査機「はやぶさ」が向かった「惑星イトカワ」も、彼の名にちなんでつけられました。
　その糸川氏は、著書の中で次のように書いています。

「消しゴムさえ捨ててしまえば３か月後には見違えるように成績があがる。」
「間違えたら消しゴムで消さないで、大きなバッテンをつけなさい。」

2021年度屯田西小学校2年4組渡辺学級・学級通信

パズる&バズる PUZZLE BUZZLE

（第12号）
2021年4月12日

一生使う大切な学習技能②

　教室でも、これから同じことを言い続けていくつもりです。

　「×は宝物なんだよ。」

　「それを消すというのは、宝をどぶに捨てているのと同じです。」

　「だから、間違えは消さないで大きく×をつけなさい。その隣に、正しい答えを書きなさい。」

　それでも子どもたちは、ついつい間違えた答えは、「消しゴム」で消そうとしてしまうことがあります。

「自分のノートに、間違えた形跡を残すことが恥ずかしい」

と感じる子もいるのでしょう。

　その感覚は分かります。

　しかし、その感覚は成長を妨げる障害以外の何物でもありません。

　学習の1つの原理は、「出来ない」部分を「出来る」様にすることです。

　そして「出来ない部分」にこそ、自分の成長のチャンスがぎっしり詰まっています。

　だからこそ、間違いをきちんと残しておくことが大切です。

　"間違い"＝"宝"であることが全体に浸透するまで、同様に声をかけ続けていきます。

○ 字は濃く太く大きく書く

　「字をきれいに書きなさい」と教えても、ほとんど効果はあがりません。

　ですが、「大きく書く」という意識を持つだけで、字の丁寧さはぐんと上がります。

　教室では、「上の罫線と下の罫線にぶつかるくらい大きく書くんですよ」と教えています。

　また、ささささっとノートの上を滑るように薄い字で書いてしまうと、大切な学習内容が脳に伝わりにくくなります。

ある程度の筆圧をもって、しっかりとした字が書けるように「濃く太く」と声をかけています。

　また現在、お知らせの字を定期的に確認しながら、合わせて「鉛筆の持ち方」の確認を進めています。

　「書くこと」は、学習作業の中心です。

　適切な、持ち方・筆圧・大きさ・濃さが身に付くように、こちらも線の指導で声をかけ続けていくつもりです。

○間をゆったり空けて、見やすく書く。

　数年前に、『東大合格生のノートはかならず美しい』という本が出ました。すぐさま購入して読みました。

　幾つか特徴がありますが、その１つは「余白が広い」ことです。

　本の中に出てくる実物ノートは、例外なく間がゆったりとしていました。

　実は、計算ミスは「ノートの余白を大きく取る」ことで３割減るとも言われています。

　数字がぎっしり敷き詰められているノートは、中身が雑然とし、見にくくなります。

　当然ミスも多くなります。

　間を空け、一目で何を学んだかが分かるようなノートであれば、復習のときにも大いに役立ち、さらに計算の正確さも上がります。

　ゆったりと間を空けているのを見て、もったいないとお感じになる方があるかもしれませんが、「ノートを書きつぶす」のではなく、「計算の正確さを上げる」ことと「繰り返し復習して大切に使う」ことを目指していますので、ご理解いただければと思います。

　これらのことを踏まえ、最初の算数の授業で「ノートの書き方」を全員で練習しました。

　全員シーンとなった状態で鉛筆を動かし、記念すべき１ページ目のノートを書いていきました。

　集中力の高さが、ノートの丁寧さにも表れています。

　これから１年間、継続的にノート技能の向上を目指して学習に取り組んでいきます。

　つめ過ぎず、楽しく学びながら、学習技能が育っていくのが理想ですので、ご家庭でもまた上手にお声掛け頂ければ幸いです。

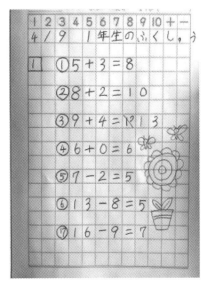

仕組みを定着させていくために
～ほめ方のコツを知ろう～

1 習慣化を阻むもの

　たとえば、いかにノートの書き方を理解し、そこに対する憧れが生まれたとしても、それを日々意識しながら学習に取り組むことはなかなか難しいものです。

　現在できていないことを意識しながら学習を進めることには、相応の負荷がかかるからです。

　新しい習慣の定着を阻む第一のポイントがこれです。

　だからこそ、ここに教師の適切なかかわりが必要となります。「適切にやり方を教え」「できたときにそれがほめられ（強化）」「そのサイクルが一定期間続く」と、習慣化がなされていくのです。

　その際、教師の「ほめ方」はかなり重要な役割を担います。

　このほめるというかかわりが響くほど、強化がなされ、習慣化が進んでいくからです。

　なお、効果的な「ほめ方」はすでに研究されています。以下の4つが重要です。

①【即時性】対象となる行動のすぐ後にほめる

　昨日のことや1週間前のことをほめられても、相手はピンときません。

　大切なのは、その行動のすぐ後でほめることです。

　行動分析学では、行動を起こして60秒以内に肯定的なフィードバックがあるとその行動が増える（強化）といわれています（奥田 健次著『メリットの法則』という書籍に詳しいです。）

②【明示性】ほめていると相手に明確に伝える

　せっかくほめているのに、相手にそのように伝わっていないケースは結構あります。

　視線も合わせず無表情でボソボソと伝えられても、効果は半減どころかないに等しいです。

　視線を合わせ笑顔で力強くほめることで、相手は「ほめられた！」と感じます。

　特に大切なのは、「笑顔」です。

　発達に凸凹のあるお子さんは、相手の笑顔を認識しにくいといいます。

　笑っているかどうかのポイントとなるのは、「歯」です。

　歯が見えることで、どの子も「先生は笑っている」と認識できます。

　また、「目の動き」も重要です。

　ほめるのが上手な先生は、目の周りにある「眼輪筋」がよく動きます。

見開いて驚いたり、細めて喜んだり、眼輪筋がよく動くと子どもたちは癒やしと喜びを感じます。

③【具体性】行動内容を具体的にほめる

「授業中の発言」をほめたとしても、ほめ方があいまいだと何がよかったのかよくわかりません。

たとえば、発言の内容なのか、言い方なのか、タイミングなのか…

内容なら、鋭かったのか、視点が新しいのか、客観性があるのか、意外性があるのか。

言い方なら、力強かったのか、端的だったのか、丁寧だったのか、冷静だったのか。

などなど、ボンヤリとあいまいにほめるのではなく、行動の「何」をほめているのかを可能な限り具体的にほめると、肯定的なメッセージがクリアに伝わっていきます。

④【多様性】いつも同じではなくさまざまなやり方でほめる

毎回「すごいね」とワンパターンでほめるだけでは、効果は下がっていき、やがて形骸化します。

形骸化したほめ言葉は、相手に伝わらないばかりか、関係を悪くすることさえあります。

相手にピッタリの方法や伝え方でほめるのは、プレゼントを選んで渡すことと似ています。

渡すものの種類や渡し方を工夫することで、肯定メッセージの価値は何倍にも膨れ上がります。

渡すものなら、言葉、文章、表情、仕草、クリップ、メダル、トロフィー、賞状、ポイント、シール、はんこ…

渡し方なら、直接的、間接的、個人に対して、チームに対して、衆目の中で、個人的にこっそりと、電話で、手紙で…

相手の性格や行動や役割に合わせ、ピッタリの方法は何かを瞬時に引き出せる人が「ほめ方のプロ」なのだと思います。まとめると、

> すぐに、明確に、具体的に、いろんなパターンで

ほめることが大切だということです。

2 低学年の好みを知っておこう

低学年の子どもたちが大好きな言葉があります

たとえば、「特別」。さらに、「内緒」や「秘密」。ほかにも、「スペシャル」や「スーパー」といったカタカナ語も人気があります。「今日は特別にね…」「これは本当は内緒なんだけど…」「すごい！スーパー2年生！」のような形で自然と言葉のギフトが使えるようにしておきたいものです。

また、子どもたちは「先生の驚く様子」が大好きです。喜ぶ姿よりも、驚く姿が好きなのです。

子どもたちの成長が感じられたときや、新たな習慣が定着してきたと感じてきたときは、大いに驚き、そして子どもたちの喜ぶ言葉のプレゼントを贈ってほめてみてください。子どもたちの成長がさらに加速化していくはずです。

1年間のマネジメント
～成長の波を意図的に起こそう～

「魔の六月」「魔の11月」の原因とは

　教師の世界に「魔の6月」「魔の11月」という言葉があります。

　この時期になると、多くのクラスで子ども同士の関係の軋轢や、いじめ・物隠しなどのトラブルが起こりやすくなることから、このように呼ばれています。

　では、なぜこの時期にそういった問題が頻発するようになるのか。

　どの学級でも、スタート早々に大きな問題にぶつかったりすることはそれほど起きません。

　子どもたちが学級のシステムにも慣れておらず、人間関係もまだ若干の緊張が存在しているのがその一因でしょう。しかし、数カ月が経過すると、よくも悪くも「慣れ」が生じてきます。

　「慣れ」とはつまり、子どもたちのエネルギーが余っている状態であるともいえます。学級開きからおよそ2カ月経った頃の6月、そして休みを挟んで2学期がスタートしてから2カ月経ったころの11月は、特に大きな行事もなく、エネルギーをぶつける対象が少ない環境でもあります。

　一方で、教師サイドからすると、年度当初に学級経営にかけていた情熱が時間の経過とともにやや減退してくる時期であるともいえるでしょう。

> 　子どもたちのエネルギーが余っている状態と、教師のエネルギーが減退している状態が主因となり、様々なトラブルが頻発するようになる。

　これが「魔の6月・11月」と呼ばれる所以であると考えています。こうした「変化の波」を乗り越えるため、学級経営の1年間をどのようにマネジメントしていけばよいのでしょうか。

1 時機を見て短期目標で小さな波を起こす

　「成長曲線」という言葉があります。

　多くは人間の身体的発達の程度を表したものとして使われますが、学力の向上の度合いや企業の成長を表した場合にも用いられる言葉です。企業の成長曲線には、大きく分けて4つのステージがあるといわれます。

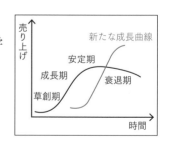

①新製品などをつくり、軌道に乗せていく「草創期」

②軌道に乗り、一気に成長していく「成長期」

③急成長を遂げた後、緩やかに成長曲線を描く「安定期」

④売り上げがピークを迎え、徐々に下降線をたどっていく「衰退期」

の4つです。企業を経営する上で大切なのは、この衰退期を見越して、新たな成長曲線を創出し、

経営を軌道に乗せていくことだとされています。学級経営にも、企業経営との共通点があります。

　学級が始まってすぐ、クラスで何らかの目標を設定したとします。

　最初はその目標に向かって努力しようとする気運が全体にあったとしましょう。

　達成した子が少しずつ出てくると、クラス全体のモチベーションも上がっていきます。

　しかし、時間の経過とともに意欲が薄れ、最後は取り組み自体が中途半端に終わってしまう…。

　このようなことは、多くの人が経験したことがあるのではないでしょうか。

　6月、11月は、スタートに立てた目標に対しての意欲が薄れていく時期でもあるといえます。

　エネルギーが余りがちな時期。そして、意欲が薄れがちな時期。

　私はそれらを見越して、大まかにいうと約1カ月程度で達成できそうな目標や行事を意図的につくり、それに向けてチャレンジしていく仕組みをつくることにしてきました。

　たとえば、「百人一首を20首暗記する」、「本を月に10冊読破する」、「1カ月間毎日日記をつける」などの目標です。その上で、達成できたときには盛大に学級でお祝いをしたものです。

　もちろん、学級の実態によって方法はさまざまに考えられるでしょう。

　大切なのは、「余りがちなエネルギーを出し切る仕組み」や「減退しがちなモチベーションを高める仕組み」をつくる観点や方法をもっているか否かということです。

2 長期目標を年度当初に設定して大きな波を起こす

　短期目標と併せて、長期目標をいくつか年度当初につくっておくことが多いです。

　長期目標は、達成までに時間がかかります。ですが、その分目標に到達したときの達成感や充実感は非常に大きなものがあります。短期目標と併せて、長いスパンで取り組む目標をつくっていくことで、1年間を通じて熱を放出しきる仕組みがより整っていくでしょう。

　ちなみに、長期目標は「日記を1年間で200日分書く」「逆上がりを全員達成する」「本を100冊読破する」「25mを全員が泳ぎ切る」「有名詩文を30篇暗唱する」など、達成までに数カ月を要するレベルのものがふさわしいです。

　短期目標が小波とするならば、長期目標は大波です。もし乗り越えることができたときは、全員で大いに喜び合うといいでしょう。力を合わせて得られた成功体験は、学級の在り方を劇的に前進させます。

3 変化の兆しを機敏にキャッチできる感覚を磨こう

　先ほどの企業の成長曲線然り、学級の雰囲気の浮き沈み然り、あらゆるものは日々変化しながら絶えず動き続けています。そうした変化の様子や兆しを鋭くキャッチしようと努めることも、充実した学級経営を行う上では重要です。

　「余りがちなエネルギー」も「減退しがちなモチベーション」も、それをキャッチするために必要なのは、そうした変化の波を「感じ取ろうとする姿勢」です。日々、子どもたちをよく見て、そうした感覚を研ぎ澄ましながら一年間の学級経営を進めていってください。

保護者との関係づくりの勘所
～見えない世界に思いをはせる～

1 自身の内にある「前提」をチェックしよう

　小学校1年生では、「仕事の半分は保護者対応」ともいわれるほど、保護者の方との連携の仕方や関係づくりの在り方が重要です。初めての環境に戸惑うのは、何も子どもだけではありません。保護者の方も大きな不安や心配を抱えて我が子の入学を迎えているということです。

　では、小学校2年生ではすでにそうした気づかいやサポートは必要ないかといえば、そうではありません。入学から1年経ったとはいえ、まだまだ低学年。できないことも、慣れないことも、依然としてたくさんあるとみている方が、教える側の前提としてはふさわしいでしょう。

　どんなことについてもそうですが、「できる」という前提に立つと指導は若干荒くなります。

　実際に子どもたちの「できない」に遭遇したときにも、「なぜこのくらいのことができないんだ」という憤慨も生まれやすくなるでしょう。

　反対に、「できない」という前提に立っていると、指導は丁寧になります。

　「できない」場面に遭遇したときも、「そういうものだ」と受け止めやすくなります。

　保護者対応でも同じです。

　「すでに入学から1年経ったのだから大丈夫」という前提と、「まだまだお子さんのことで不安な人もいるだろうな」という前提では、対応の仕方もまるでちがってくるということです。

　繰り返しますが、2年生はまだまだ低学年です。

　仮に、1年生のときと担任が変わった場合などは、丁寧な上にも丁寧な対応が求められます。

　子どもに対応するうえでも、保護者との関係をつくるうえでも、まずは教師自身の中にある、目には見えない「前提」を見つめ直してみることをおすすめします。

2 保護者の方との対面を迎えるまでの時間をどう使うか

　保護者の方と初めて対面を果たす瞬間。

　それが、保護者会や家庭訪問であるというケースは全国的に多いはずです。

　第1回の授業参観後に開かれる保護者会である場合や、それより先に家庭訪問が実施される所など、地域における差異はあるものの、おおむね4～5月あたりにそうした対面の機会がつくられているはずです。

　入学式で保護者の方と初対面を迎える1年生担任とはちがい、2～6年生の担任の多くは、保護者の方と出会うまでに若干の時間があります。

　この時間をどのように使っていくかということが、最初の保護者会や家庭訪問を迎えるうえでの

1つのポイントとなります。

3 よい対面はよい準備から

「保護者会が苦手で…」「家庭訪問のシーズンが来る度に気持ちが落ち込んで…」という相談が寄せられることが幾度かあり、その度に「なぜ苦手なのか」を聞くことにしています。

すると、多くの方の答えに共通点があることがわかりました。

要は、「緊張してうまく話せない」のだそうです。

相談された方のほとんどが、この答えでした。

その度に、私は次のようにアドバイスをしています。

「緊張しているのは、先生だけではなくて実は保護者の方も同じなんですよ」

「だからこそお互いのために、保護者会（家庭訪問）までの間にちょっとした準備をするといいです」

これも意外と見逃されがちですが、初対面の瞬間は保護者の方も多くが緊張しています。

我が子を預けている担任の先生とはいえ、今まではまったく関係がなかった人物としばらくの時間言葉を交わすわけですから、緊張するのも当然といえば当然です。

自分の目線だけでなく、そうした相手の目線にも立つと、どんな準備を進めればよいかがいろいろと浮かんでくるはずです。

保護者の方の目線や考えていることも、実際目に見えるわけではありませんが、いつもその世界を想像するようにしていると、対応には自然と丁寧さが増し、思いやりが伴うようになります。

4 架け橋を複数つくっておくこと

では、実際に初対面の瞬間（保護者会や家庭訪問）までにどんな準備を進めておけばよいか。

一にも二にもポイントは、共通の話題をつくっておくことです。

その話題の中心は、間違いなく子どもたちの日々の姿であり、変化や成長であるはずです。

とはいえ、学校での姿をまったく知らないという保護者の方も相当数おられます。

ですから、保護者の方と話すのが苦手な人ほど、学校の子どもたちの姿を保護者の方にあらかじめつないでいくアプローチをしておくことをお勧めします。

この学校と家庭とのつながりこそが、教師と保護者の架け橋となり、初対面の瞬間を優しくサポートしてくれるようになります。

たとえば、先述した「出会いの３日間におけるほめ・認めリスト」。

私は、これを記録するだけでなく、「一筆箋」などを活用してその日のうちに保護者の方に伝えるようにしています。

> 「新学期初日、○○くんが新しい教科書を教室まで運ぶのを手伝ってくれました。素敵な心根が透けて見えるような美しい姿でした。ご家庭でもひと声ほめていただければ幸いです。」

のような短い文章を、小さな付箋に書いて本人に渡すわけです。

我が子が、出会って間もないころにほめられ、それが手紙として贈られて喜ばない保護者の方はいません。お礼の返事を思わず書いてくださる方もいますし、連絡帳の１ページ目に大事に貼って保管してくれていた方もありました。

　すると、この時点で一つの架け橋ができたことになります。

　初対面のときにも、

「あのときのお手紙、本当にありがとうございました」

「いえいえこちらこそ、〇〇くんの姿にとても感動したんです」

「家ではそんな姿めったに見せないのに（笑）」

「そうなんですか、学校ではとてもがんばってくれていますよ」

と実にスムーズな形で会話を進めることができるようになります。

　なお、普段から私が愛用している一筆箋は、「おにぎり一筆箋」というアイテムです。

　実物の写真を紹介します。

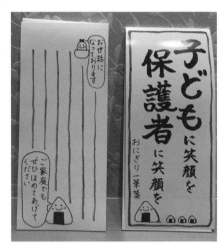

　この一筆箋は、「お世話になっております」という入りの文章や、「ご家庭でもぜひほめてあげてください」という終わりの文章がすでに印刷されているため、極めてスピーディーに書き上げることができます。併せて、手書きの文字やイラストが優しい印象を与えるため、教室からご家庭に渡す一筆箋としては非常に素晴らしいアイテムだといえるでしょう。

　その手紙を受け取る姿を実際に見ることはできませんが、こうした小さな取り組みを一つ、また一つと続けることで、見えない協力関係の土台が築かれていきます。

5 つくった架け橋を太く強くしていくこと

　また、私は、一筆箋で書いた内容をしばしば学級通信でも取り上げます。

　素敵な行いを価値づけ、教室に広めていくきっかけになることに加え、これもやはり保護者の方との関係づくりのうえで絶大な効果を発揮します。

　保護者からからすれば、どんな形であれ我が子がほめられていることはうれしいものです。

　そうした出来事がいくつか積もり重なっていくと、保護者の側からしても「話したい話題」「感

謝を伝えたい内容」などが増えてきます。

　こうして「伝えたいこと」がお互いに増えてくると、教師の側も保護者の側も、緊張が和らぎます。

　むしろ、対面することが楽しみになることも少なくありません。

　もちろん、やり方は一筆箋や学級通信に限らず、いくつもあるでしょう。

　保護者会ならば、それまでの間の学級写真をスライドショーにしてあらかじめ公開したこともあります。こうすることで、一気に懇談会の雰囲気が和み、柔らかくなります。

　家庭訪問ならば、「可能であれば、小さいときの写真を１枚用意しておいてもらえるとうれしいです」と事前に伝えたこともあります。「素敵な写真ですね〜。小さいころに大きなけがや病気などはありませんでしたか？」と写真を媒介にして自然な形で成育歴の話を伺うこともできました。

　要は、通信なり写真なりスライドショーなり、学校と家庭をつなぐ架け橋となるものをいくつかつくっておくことが大切だということです。

　それが多ければ多いほど、最初の「緊張」という壁を互いに乗り越えやすくなり、素敵な関係が紡ぎやすくなっていきます。

６　見えない世界に思いをはせつつ

　家庭という場所は、基本的に私たちから見えない場所です。

　間接的に話を聞くことはできても、実際に見ることはほとんどかないません。

　見えない場所だからこそ、その家庭との関係をつくっていくためには、思いをはせることが大切です。イメージして、頭に思い浮かべて、その上で言葉を紡いで贈るのです。

　私はよく、節目の通信で次のような内容を書きます。

　本日で無事に１学期が終了しました。

　新しい学年がスタートしてからおよそ３カ月。

　本日まで大過なく元気に学校生活を送ることができたのは、学校から見えないところでお家の方々が様々にお力添えしてくださったお陰だと感じています。

　毎日食事の準備をし、学校に行く準備を手伝い、忘れ物がないかを確認したり、気が乗らないときには話を聞いたり励ましたり…。そうやって、いろんな形で日々たくさんの声や心をかけてこの３カ月半を過ごしてくださったのだろうと思います。

　そうした支えがあったからこそ、１学期の学校生活の中でたくさんの変化や成長が生まれ、大きな事故やけがもなく１学期を終えることができました。

　日々子どもたちの学校生活を支え、励まし、応援してくださったことに心から感謝しております。

　また、学級通信への素敵なお便りの数々、懇談会や電話などふとした機会にかけていただいた温かいお声の一つひとつに、私自身も何度も励まされました。

　心よりお礼申し上げます。本当にありがとうございました。

　見えないからこそ想像力を働かせて思いをはせること。そして、思いやりの言葉を届け続けること。

　これが、保護者との関係づくりにおける勘所であると考えています。

第2学年の
学級経営

2

進級の喜びを
自信と意欲に結びつける4月

▶ 4月の目標

　2年生の新学期は、昨年度の学校生活を踏まえて「1年間の小学校生活を無事に送ることができた」という自信とともに始まります。2年生の4月の目標は、1年生で培った自信を大切にしながら、自分たちで行動できる範囲を増やす土台づくりといえそうです。

4月の学級経営を充実させるために

　2年生の4月にはそもそもどのような意味があるのでしょうか。まず一つは、「低学年後期」として、学校生活のきまりや学習の仕方の基礎を身につけてしまいたい時期です。学習面ではかけ算九九の学習は子ども自身も保護者も関心が高いことでしょう。また、生活面でも中学年の特別活動を見越して、創意工夫を生かしてさまざまなことをやってみたいと思えるような素地を養う期間ともいえます。つまり、「教えられ、やってみてうまくいく」という経験をたくさん積ませる時期です。

　また、「中学年導入期」という側面も意識したいのが2学期後半から3学期にかけてです。そのころにはやってみて楽しかったことを「もう一度やりたい」という思いも抱いていることでしょう。生活科の中で繰り返しかかわってきた「ひと・もの・こと」への愛着を基盤とした「もっとやってみたい」「こんなことも試してみたい」という思いを次の学年に引き継ぐことを視野に入れたいところです。

　このように考えてくると、自然と4月のやるべきことが定まります。

　第1に、学習面、生活面における「意欲及び前向きな雰囲気づくり」です。

　第2に、そのために必要な安心感の保障です。

　第3に、昨年までに見出してきた自分や友だちのよさを認め合うことです。

　第4に、以上を達成するためのルールの確立です。

　とてつもなく忙しい学級開き。多忙なときほど「何を大切にしなければいけないのか」という原点に立ち返り、優先順位をつけて取り組みましょう。

クラスの仕組みやルールづくりを焦らない

　4月は学級を安定させるためのルールづくりの時期です。しかし、すべてのルールをこの1カ月で定着させよというわけではありません。クラスのルール指導はいくつかの層に分かれています。「初めの3日で示すこと」「最初の1週間で確認していくこと」「ひと月終わるまでに周知されているべきこと」といった内容によって指導の重点と期間を区別しながら指導します。

平均には幅がある

1　半歩、動きがズレる

　「初めての進級」を華麗に成し遂げた2年生の子どもたち。どの子も顔には充実感、達成感があふれています。「さぁ、やるぞ」と意欲を燃やして元気よく登校してくる子がほとんどです。

　ほとんど？　全員ではない？　一度立ち止まり学級を隅々まで見渡してみましょう。本当に全員がやる気に満ちあふれた表情であなたを見つめていますか。

　「はい、先生の指を見て」

と差し出した右手の人差し指に全員の視線が瞬時に集まってくるでしょうか。みんなから半歩ズレて動き出す子はいませんでしょうか。

　「1年間のスタートダッシュ」のための「黄金の三日間」に向け綿密に準備をしていた先生の目に、半歩ズレて動き出す子はどう映るでしょう。否定的に捉えられるかもしれません。「2年生なのに！」（しっかりしなさい）と強い指導の対象になってしまうことがあるのかもしれません。全員がピシッとそろって瞬時に動ける学級が先輩教師や同僚から称賛される雰囲気があるのかもしれません。

2　足並みが揃う

　そもそも学級全員のいわゆる足並みがそろうことはあるのでしょうか。川上（2022）は、「○年生ならこれくらいできる」は教師側の「認知バイアス（cognitive bias）」によるものと整理できると指摘しています。同じ学年であっても子どもたちの実態は多様であり、開きがあります。川上は学級の実態には常に「幅」があることを、便宜上、知能指数（IQ）を用いて示しています。仮にIQ70〜130までが同じ学級内にいるとすれば、小2段階で8±2.5歳の幅があり、同じ学級の中に、5.5歳〜10.5歳の子どもたちが過ごしているのです。通常学級であってもこれだけの幅があるのです。具体的なイメージが湧いてきましたでしょうか。ここまで、幅がある集団に対して一様に指示を出し、一様な動きを求めることはどうでしょう。先生が思い描いていた1年間のスタート予想図と実際の様子はズレてしまうかもしれません。半歩ズレて動き出す子も先生の大切な学級の一員なのです（学年内の開き、幅があることを示すために便宜上用いている知能指数（IQ）ですが、知能指数だけですべてが決まるわけではありませんし、その他のスキル等を含めて総合的に子どもの様子をとらえていくという現在の国際社会の考え方を支持している川上先生に同意していることを付記します）。

　IQだけでもこれだけの幅があり、多様な子がいるという前提に立つ必要があります。子どもたちの様子を日々観察し、寄り添った指導・支援を展開していくことが重要です。ただし、IQだけを頼りに子どもたちを見ることは大変に危険です。なかには拙速なレッテル貼りにつながってしまうことも予想されます。ここは慎重of慎重に。

引用・参考文献

川上康則著、2022『教室マルトリートメント』東洋館出版社、pp.160-166

学級開き

おはようございます！

▶ねらい

　出会いの日に、学級経営の核となる「挨拶」「返事」「ありがとう」の3つを指導する。

▶指導のポイント

　出会いの日はやることが多く、「こなして終わり」となりやすいです。そうならないためにも1日の計画をしっかりと立てることが大切です。

　今回紹介したのは出会いの1日の中に「挨拶指導」「返事指導」「ありがとう指導」の3つを計画しました。出会いの日から意図的に指導するのがポイントです。

本時の展開

01　担任が一番よい返事をする

　担任発表で自分の名前が呼ばれたら大きな声で「はいっ!!」と返事をします。1年間「挨拶」について子どもたちに指導するので、お手本となる挨拶をします。

　その後は、子どもたちの前に行き、前に座っている子と会話をしてスキンシップをとります。

　名前を覚えておくと名前を呼びながら話ができるので、信頼関係を構築しやすくなります。

　始業式が終わったら、特別教室に置いてある教科書を子どもと一緒に運びます。

02　挨拶指導はお手本を示す

　教室に入ったら、自分が座っている座席が黒板に貼ってある座席表と合っているか確認させます。全員の席が確認できたら、担任の自己紹介をします。

　挨拶の「おはようございます」を元気よくしてくれる子を募集します。必ず1人はやってくれる子がいるので「こうやってみんなのために挑戦してくれる姿がすごくうれしいです」と価値づけます。

　挨拶は、まずは教師がお手本を示します。次に、挨拶をやってくれる子を募集して教師と同じようにやってもらいます。そして最後に全員で挨拶をします。楽しくほめながら何度もやるイメージです。

03 健康観察で返事指導

　朝の挨拶が終わったら健康観察をします。「はいっ」と小さい「っ」をつけた返事をすることを伝えます。

　何度か「はいっ」という返事をする練習をしてから、一人ずつ名前を呼んでいきます。そのときによい返事をした子をチェックしておき、健康観察終了後に次のように言います。

　「とってもよい返事をしている子が〇人いました。今からその子たちの名前を呼ぶので『はいっ』と返事をしてくださいね」

　後は、名前を呼びながら「とってもよい返事です」「さすが2年生ですね」と返事を価値づけていきます。

04 手紙配付で「ありがとう」指導

　健康観察が終わったら、教科書や手紙を配ります。手紙は、保健調査票などにすべてはさんでおきバラバラにならないようにしておきます。

　手紙を取りに来てもらう前に次のように指導します。

　「これから出席番号順で手紙を取りに来てもらいます。そのときに『ありがとうございます。』と言ってもらえると先生はすごく嬉しいです。よかったら言ってくださいね」

　「ありがとう」は強制して言わせるものではないので「言ってくれたらうれしい」くらいにしておきます。

学級目標

▶ねらい

指導のポイントの3つのことを意識して、学級目標を「ただつくって終わり」とならないようにする。

▶指導のポイント

学級目標づくりのポイントは次の3つです。

・キーワード化で子どもの思いを取り入れる
・つくった後は具体的な行動を決める
・何かあれば学級目標に立ち戻る

この3つのポイントを下記で紹介しています。

どのキーワードが
良いか挙手して
ください

本時の展開

01 キーワード化で子どもの思いを取り入れる

学級目標を決める前に、次のように子どもに話します。「明日、2年〇組の学級目標を決めます。みんなはこのクラスをどんなクラスにしたいですか？『〇〇なクラス』と短く一言で考えてきてください」

次の日に、考えてきた「〇〇なクラス」を発表してもらい黒板に書いていきます。

・楽しいクラス
・かしこいクラス
・みんなが仲良しなクラス
・勉強をがんばるクラス
・笑いがあるクラス

黒板に書いてあるキーワードからどのキーワードがよいか選びます。まずは、自分がよいと思ったキーワードを1つ決めて理由を発表してもらいます。

次に、学級目標にしたいキーワードを3つ選び、挙手させます。挙手の多かったキーワードから、教師の意見も入れて学級目標となるキーワードを3つ選びます。

キーワードが3つ決まったら、キーワードをくっつけて学級目標をつくります。たとえば、「楽しいクラス・かしこいクラス・仲のよいクラス」なら「楽しくてかしこくて仲のよいクラス」となります。

02 つくった後は 具体的な行動を決める

　目標は立てただけでは意味がありません。具体的な行動が伴ってはじめて意味を成します。

　そこで、学級目標を達成するために、一人ひとりが努力する必要があることを伝えます。

　「あなたは、学級目標実現のため、具体的にどんな行動をしますか?」

　可能ならば数値を入れた行動にした方がフィードバックしやすいです。たとえば、「朝、友だちと挨拶をする」という行動ではなく、「朝、友だち3人に挨拶をする」とした方が、自分でふりかえるときに評価しやすくなります。

03 何かあれば 学級目標に立ち戻る

　学級目標が十分学級に浸透するまでは、教師が細かくフィードバックをしていきます。

　学級目標に沿った行動をしている子を見つけたら次のように価値づけていきます。

　「Aさんは朝来ると友達と3人以上挨拶していました。先生朝からとっても幸せな気持ちになりました」

　また、クラスでは、さまざまなトラブルが起きます。そんなときは、学級目標に立ち返らせるようにします。たとえば、「今の問題は、楽しい・かしこい・仲のよいのどれに違反していますか?」と問い、学級目標に沿って問題点を見ていきます。

支援員さんと
のつながり

積していくことで共通理解を進めることがしやすくなります。

▶ねらい

　学級担任との支援員さんとの間で、「どの子にどのような支援を行うのか」という方向性が一致していることは、支援の教育的効果を高めるためにとても大切です。共通理解を図りましょう。

▶指導のポイント

　4月の始まりから、支援員さんとの間でいきなり子ども観と指導観が一致するということはほとんどありません。互いの見方や考え方を段階的に擦り合わせていく作業が必要です。その際、心がけたいのは「記憶よりも記録」です。右に示したような記録用紙を用いて、少ない時間の中でも学級担任としての意図が伝わりやすくすることや、対話のきっかけになる情報を蓄

> 算数の時間に、少し問題への取りかかりが遅かったようなのですが…。

> 教科書をひらくことはできていたのですけれども、ページのどこを見たらよいかわからなかったみたいです。「ここよ」と指でさしたら、「ああ」と言って始めていましたよ。

本時の展開

01 気になる子どもをリストアップする

　まず、何より学級担任の子ども観を示さなければ共通理解は進みません。たとえば「Aさんは授業中にこのような状態でいて、学習内容を理解し身につけるためにはこういうところがボトルネックになっている。だからこのような支援をしてほしい（あるいはそっと見守ってほしい）」という担任からの願いを示します。とはいえ、学級担任の仕事は多忙です。続けられない取り組みは負担になるばかりで効果が上がりません。右の記録用紙を見ていただければわかる通り、項目に丸をつけるだけの簡単な内容になっています。あくまでも支援員さんとの対話のきっかけです。

02 フィードバックを受けて子どもへのかかわりをバージョンアップする

　記録用紙には支援員さんからの返信を書き込む欄もあります。無理のない範囲で記入していただきましょう。1日中支援員さんが教室にいてくれて、放課後も十分に話し合える時間があればいいのですが、時間ごとに別の教室に行くことになっていたり、毎日学校に来るわけではなかったりと、顔を合わせられるタイミングがそもそも少ない場合が多いこともあります。得られたフィードバックをもとに、次の記録用紙への記入内容を再考します。これを続けることによって、学習支援員さんを含めた教師側から子どもたちへのかかわりの質を高めていくことで、子どもにとって「学びやすい教室」に近づいていきます。

第2学年○組　○○級　学習支援連絡用紙

月　　日（　　）

特に支援をお願いしたい 児童氏名　○○　○○				
時間	教科	具体的な支援内容（○を記入）	備考	学習状況
1		・補充的な説明　　・体調・感情の観察 ・学習用具の使い方　・不規則発言への対応 ・着席の促し　　　・見守り ・クールダウン補助　・他の児童との関わり方 ・その他（　　　　　　　　　　　）		◎・○・△
2		・補充的な説明　　・体調・感情の観察 ・学習用具の使い方　・不規則発言への対応 ・着席の促し　　　・見守り ・クールダウン補助　・他の児童との関わり方 ・その他（　　　　　　　　　　　）		◎・○・△
3		・補充的な説明　　・体調・感情の観察 ・学習用具の使い方　・不規則発言への対応 ・着席の促し　　　・見守り ・クールダウン補助　・他の児童との関わり方 ・その他（　　　　　　　　　　　）		◎・○・△
4		・補充的な説明　　・体調・感情の観察 ・学習用具の使い方　・不規則発言への対応 ・着席の促し　　　・見守り ・クールダウン補助　・他の児童との関わり方 ・その他（　　　　　　　　　　　）		◎・○・△
5		・補充的な説明　　・体調・感情の観察 ・学習用具の使い方　・不規則発言への対応 ・着席の促し　　　・見守り ・クールダウン補助　・他の児童との関わり方 ・その他（　　　　　　　　　　　）		◎・○・△
6		・補充的な説明　　・体調・感情の観察 ・学習用具の使い方　・不規則発言への対応 ・着席の促し　　　・見守り ・クールダウン補助　・他の児童との関わり方 ・その他（　　　　　　　　　　　）		◎・○・△

靴箱・ロッカー指導

▶ねらい

靴箱やロッカーの正しい使い方を確認し、身の回りの整理整頓ができるように指導する。

▶指導のポイント

1年生のころに子どもたちは靴箱やロッカーの使い方を学んできています。

その学んできたことを確認し、その素晴らしさを価値づけていくことが大切です。

そのうえで、完璧を求めないことも必要です。いろいろな子がいますから、自分だけでは身の回りの整理整頓ができない子もいます。

繰り返し教えてあげながら、できたことを認めていきましょう。

「はきものをそろえる」

はきものをそろえると 心もそろう

心がそろうと はきものもそろう

ぬぐときに そろえておくと

はくときに 心がみだれない

だれかが みだしておいたら

だまって そろえておいてあげよう

そうすればきっと

世界中の人も 心も そろうでしょう

長野県の住職
藤本幸邦（ふじもと こうほう）さん

本時の展開

01 靴箱・ロッカーの使い方を確認

4月の最初の週に子どもたちと一緒に靴箱やロッカーのツアーに行きます。

たとえば、靴箱の前に座らせて、

「みんな気づいたことある？」

そう伝えると、

「僕の靴、ちゃんとそろっていない」

「〇〇さんのすごくきれいにそろっている」

そのような言葉を子どもは言います。

「みんなどうしたい？」

と聞くと、次々と直したいと言い始めます。そして、再度きれいにそろえる時間をとってあげます。

きれいになった靴箱を写真で撮影して教室へ戻ります。（ロッカーも同じ流れ）

02 意味を語る

写真を子どもたちに見せながら、

「何でこうやって、靴箱やロッカーをそろえた方がよいのかな？」

子どもたちに聞くと、2年生の子どもたちは自信満々に答えてくれます。

「そろえた方が、気持ちがいい」

「そろっていないと、落ちてしまって、なくなっちゃう」

そこで、藤本さんの詩を紹介します。

「靴をそろえると、心がそろうんだね。そうすると、みんなが仲良くなれるんだね」

「明日も、きれいに靴やロッカーのものそろえたいなっていう人？」

元気よく子どもたちの手が挙がります。

03 できている子を認める

　一日語ったからすぐにできるようになるわけではありません。

　大切なことは、覚えたことを認めていくことです。

　次の日、こっそり朝の下駄箱やロッカーの写真を撮っておきます。

　そして、靴がそろっている子たちの名前を呼んで、次々とほめていきます。

　「〇〇さんすごくそろっているね。〇〇さんもいいなぁ。この列は全員そろっているよ」などと素晴らしいところをほめていきます。

　間違っても悪いところを指摘してはいけません。

04 プラスの サイクル & 個別の支援

　このようなことを4月中、何度か繰り返していると、子どもたちは劇的に靴やロッカーのものをそろえるようになります。

　また、友だちの靴をそろえ始めるような子も現れます。

　そのときは、驚いてものすごくほめましょう。そのようなプラスのサイクルを回していきます。

　ただし、完璧は求めません。

　どうしても整理整頓が苦手な子もいますから、そのような子の靴やロッカーは、教師が個別で一緒にそろえてあげればよいです。

　繰り返し支援をし、教えてあげる中で、できたときにはしっかり認めていきましょう。

挨拶指導

▶ねらい

挨拶をする意義を教え、挨拶する習慣が身につくように指導する。

▶指導のポイント

挨拶をする大切さは、きっとどの学年でも指導をされることでしょう。

でも、言われたから、必ずできるようになるかというと、それほど簡単ではありません。

なぜ挨拶するのか、その意義を教えるとともに、挨拶することの気持ちよさを子ども自身が感じられるようにサポートしていきます。

強制的にさせても、それはその学年だけのスキルで終わってしまいます。

あいさつ級表

10級	あいさつを返すことができる
9級	自分から先にあいさつできる
8級	ハリのある声であいさつできる
7級	笑顔であいさつできる
6級	相手の目を見てあいさつできる
5級	相手の名前を呼んでからあいさつできる
4級	立ち止まってあいさつできる
3級	おじぎしてあいさつできる
2級	1日に10人以上にあいさつできる
1級	1日に30人以上にあいさつできる
初段	1日に50人以上にあいさつができる
2段	誰にでもあいさつができる
3段	2段の状態が1か月以上続く
4段	いつでも誰にでもあいさつができる
師範代	自分のあいさつを他の人にも広められる　あいさつの師匠となる人

本時の展開

01 手本となる子を取り上げる

どんなクラスにも気持ちのよい挨拶ができる子は一定数います。

そのような子を取り上げながら、挨拶のことを教えていきます

「学級が始まって3日が経つけれど、先生すごいなぁって思う人を見つけたんだ。それがAさん。どうしてだと思う?」

「それはね。挨拶がとってもいいんだ」

「どこがいいかわかる?」

「それはね、自分から挨拶しているんだ。こういう挨拶を先手挨拶っていうんだよ」

「こういうふうに、先に挨拶すると、挨拶された相手は気持ちよくなるんだよね」

02 挨拶の意義を語る

挨拶をなぜするのか。

この本質的なことも取り上げて教えます。

「おはようございます、ってどういう意味か知ってる?」

「実は、『おはようございます』は、本当はもっと長い言葉なんだ」

「『お早くお起きになって　今日一日があなたにとって　幸せな日になりますように』という相手の幸せを願う意味があるそうです」

「だから、英語でも『Good　Morning』なのかなと思います」※諸説あり

「教室でいつも誰かに『おはようございます』と言っている人は、それだけでたくさんの人を幸せにしてくれているんだね」

おは……よ………す

さようなら〜

03 語ったら価値づける

語ったことは価値づけなければ、習慣になりません。
実際に先手挨拶をしている子や、いつもより挨拶をがんばっている子などがいたら、その場で価値づけていきます。

「いい挨拶だね」
「○○さんのおかげで、先生幸せな気持ちになるなぁ」
「もう10人に挨拶したの!! 挨拶チャンピオンだ！」
このように、挨拶している子を次々と価値づけていく言葉を朝、会うたびに伝えるようにします。
自然と挨拶ブームが教室に起きます。

04 挨拶を練習する

よい挨拶の指標を示すのも一つの手です。
たとえば、「あいさつ級表」というものがあります。これは渡辺道治先生が学級で実践されているものです。
渡辺学級では、これを示しながら、実際に子どもたち自身に体験的に練習をしたりする時間をとることもあるそうです。
私の学級でも、挨拶の練習を4月によくします。
最初はわざと無表情で挨拶し合います。
次に笑顔でやってみます。
「やっぱり笑顔で挨拶された方がうれしいなぁ」と子ども自身が体験的に気づくことができます。

係・当番活動
の指導

▶ねらい

係と当番活動のちがいを教え、それぞれの活動の目的を子どもが達成できるように指導する。

▶指導のポイント

当番活動と係活動のちがいを理解して指導することが大切です。

当番活動は、定期・不定期にかかわらず繰り返される仕事で、少人数でよいもの。創意工夫をあまり必要としないもの。（例：窓当番、電気当番など）

係活動は、学級活動を豊かにするために必要な組織（例：スポーツ係、折り紙係など）

おおむね当番活動から先に決めると、学級が安定しやすいです。

下図のようなチェックシステムを使って、終わったらマグネットを動かす仕組みをつくっています。これをずっとやるのではなく、1カ月忘れずできた人は、免許皆伝ということで、このシステムから卒業します。免許皆伝の賞状を渡してあげるとすごく喜びます。

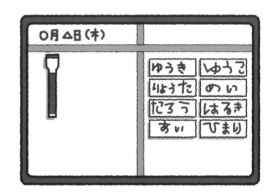

本時の展開

01 一人一役の当番のイメージ

4月になったら真っ先につくるとよいのが当番の方です。

この当番があることで、教師一人で何でもやるのではなく、子どもたちが自分たちでクラスを動かしていくきっかけになります。

また何より、がんばる子どもたちをほめるチャンスにもなります。

当番のイメージは「担任がいなくても1週間子どもが生活できる」ことです。

これをイメージして子どもたちからアイデアを募集するとよいと思います。

原則は一人一役にします。

なぜなら、一人一役にすることで、責任をもって仕事に取り組む子が増えるからです。

02 当番の決め方とやり方

当番と係のちがいを子どもに説明したうえで、どんな当番が必要か発表してもらいます。

黒板にたくさん書き出しながら、足りないものは教師がつけ足します。

このとき、係のようなものが出てきてしまうので、それは係でやろうと教えます。

教師が一人一役になるように、人数を決めたうえで、自分がやりたい当番のところに、名前のマグネットを貼りにいきます。

そして、人数が多いところは、じゃんけんで決定します。

最初はやり方を教師が教えながら、1カ月くらいかけてできるようにします。

※チェックシステムは上の説明に掲載

係ポスター

係活動に必要な３つのもの

1　時間

2　物

3　場所

Point

係の名前は工夫をさせたいです。かざり係→デコレーションショップ

このように少しの工夫をすることで、活動が楽しくなります。私のクラスでは、○○会社のように、会社として活動しています。社長や部長など、自分たちの役職をつくって、毎年楽しそうに子どもたちは活動しています。

03 係活動を決める

当番活動がある程度軌道に乗ったら、係活動を決めます（私は５月くらいに決めます）。

【このクラスがハッピーになる活動をしよう】

これを目標にして、子どもたちからアイデアを出してもらいます。

その中で、やりたい係を選んでもらいます。

当番とちがい、人数が多くても係が成立しますが、1人ではクラスでやる意味がないので、合併したりして成立させます。

人数が６人以上になってくると働かない人も出てくるので、その場合は、遊び会社Ａ、遊び会社Ｂのように２つに分けるようにします。

04 係活動に必要な３つのもの

係が決まったら、ポスターを作成します。

完成したチームから活動開始です。

この係活動は、教師が何もしないと多くの場合低迷していきます。そこで、用意すべきは３つです。

1つ目が時間です。

活動できる時間を確保してあげます。たとえば、「水曜日の朝15分間は係の時間」といったように、固定化するとよいです。

2つ目は、物です。

子どもが使えるペンや画用紙などの道具を教室に置きましょう。

3つ目は、場所を確保してあげましょう。

これは教師にしかできない仕事です。

給食指導

▶ねらい

子どもにとって安心・公平・楽しい給食にするために、3つのキーワードを意識して給食指導を行う。

▶指導のポイント

まず、おかわりのやり方を教えます。最初に教師がやることは、減らしたいおかずをもってきてもらうということです。このとき、嫌いなものでも一口だけは食べるように言います。

次は、おかわりです。おかわりのルールは

① 一度だけ手を挙げることができる
② 希望者が多いときはじゃんけん
③ 負けたからといって、二度三度手を挙げてはいけない

となります。スープなどが大量に余っている場合は、おかわりルールは適用せず、希望者全員にあげる場合もあります。

さて、実際のおかわりですが、以下のようなものが余っていたとします。

まずは、スープからおかわりします。汁物なので量の調整がしやすいからです。

その次は、牛乳→麺→餃子→ヨーグルトと「おかわりじゃんけん」をやっていきます。人気のあるおかずは、最後にじゃんけんするようにします。

じゃんけんをすると「ズル」する子がいるので教師の前や誰か他の子の前でやるようにします。

ヨーグルト２個 　　　**餃子　６個**

スープ

麺　２個 　　　**牛乳　２箱**

本時の展開

給食指導で大切にしたい３つのポイント

ここ10年以上はこの3つのキーワードを意識して給食指導をしています。特に、1の「無理させない」は大切な指導だと思っています。

給食指導 ３つのキーワード

給食指導で大切にしたいポイントは、次の3つです。

1　無理させないこと（安心）
2　公平であること（公平）
3　楽しいこと（楽しい）

01　無理させないこと（安心）

過度な完食指導はしません。過度な完食指導は虐待につながるとさえ考えられます。一人ひとり食べられる量はちがうので、食べる量を調整してあげます。

無理させないこと（安心）

減らす時のルールをクラスで決めておくと良いでしょう。

例
■ スープは半分食べる
■ ２個あるうちの１個は食べるなど

ただし、子どもによって差があるので、臨機応変に個別に対応していくことも大切です。

下記のような表を教師用に作っておくと指導に見通しがもてるのでおすすめです。

	給食当番	給食当番以外の子
12時15分	① 班を作る ② 廊下で着替える ③ うがい手洗いをする。 ④ 並んで食器を取りに行く ⑤ 配膳・配りをする 　（お盆にのせた食器を配る当番を作っておく）	① 班を作る ② 自分のと、給食当番のランチョンマットをしく ③ うがい、手洗いをする ④・⑤ 静かに読書をする 　（お盆にのせた食器は、給食当番が配る）
12時30分	⑥ 配膳終了　いただきます	⑥ 配膳終了した時点でいただきます。
12時50分	⑦ 後片付け ⑧ 食べ終わっていない子の食器をもらいにいく。 ⑨ 食器を返しにいく	⑦ まだ、食べる子は食べる。残す子は残す。静かにさせる。 ⑧ 歯磨き ⑨ 帰りの準備
12時55分	⑩ 歯磨き	⑩ 読書
13時00分	⑪ ごちそうさま	⑪ ごちそうさま

〈参考文献〉

渡辺喜男編著　TOSS横浜著『崩壊しない学級はここが違う　中学年』明治図書出版

甲本卓司編著『給食指導のシステムづくり小事典』　　　　　明治図書出版

02 公平であること（公平）

　最初のうちはおかわりを教師が仕切ります。おかわりを子どもに任せることはしません。子どもに任せるには、教師の公平なおかわりの仕切り方を十分理解させる必要があります。※実際のおかわりのやり方は上の「指導のポイント」を参照

公平であること（公平）

　おかわりのルールの乱れは、クラスの乱れにつながります。弱肉強食が生まれトラブルのもとです。よっておかわりのやり方は、丁寧に指導します。

03 楽しいこと（楽しい）

　コロナ禍により、黙食が当たり前のようになりました。仕方がないこととはいえ、見ていてつらくなるときがあります。

　本来、給食の時間は楽しい時間であるべきです。友だちと適度なおしゃべりをすることでリラックスできるのではないでしょうか。

楽しいこと（楽しい）

　黙食が強いられる中でも、音楽を流すなど楽しさを少しでもいいので教師が演出していきたいです。

鉛筆指導

◆鉛筆指導の合言葉

パックン！

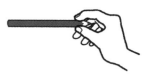

▶ねらい

鉛筆の正しい持ち方を教え、家庭と連携して指導する。

▶指導のポイント

鉛筆の持ち方を身につけるのは、至難の業です。

なぜなら、小学校に入る前から、家庭によって指導された子と指導されていない子には相当な差があるからです。

そして、指導されていない子は癖がついているため、それを直すところからスタートします。

子どもに指導するとともに、家庭への啓発が必要です。

Point

低学年の子はどうしても筆圧が弱いです。それにもかかわらず、HBなど薄いものを使っていると、余計な力を入れるため疲れます。できるだけ、Bや2B以上のその子の筆圧にあったものを購入してもらえるように保護者に伝えたいです。

本時の展開

 鉛筆が正しく持てる割合

少し前のデータですが、鉛筆が正しく持てる子の割合を調査したデータがあります。

『青少年の生きる力を育むための総合的調査研究』文部科学省（1998）のデータによると、正しく鉛筆を持てる子の割合は、どの学年でも1割以下、小学校2年生は最も低い2.3%しかできる子がいないというデータもあります。

このことからも、正しく鉛筆を持てるようにするということは相当難しい指導だということです。

その前提に立って、子どもたちを指導しないと、きっと子どもも教師も苦しくなります。

完璧を求めすぎない指導が大切です。

02 イラストと合言葉でイメージ

どんな持ち方がよいか、1年生で教えることはありますが、2年生でも一度確認してみるとよいです。

そのときに使えるのがイラストです。

上のようなイラストを見せながら、ゴロと一緒に教えます。

「パックン、くるりん、ピタッ♪」

このような合言葉で、教えてみましょう。

このようなイメージ語を用いた指導は有効です。

（辻野裕美氏　修正追試）

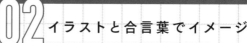

くるりん！

ぴたっ！

◆ 効果的な道具

・「くもんのこどもえんぴつ」

・くもんの「もち方サポーター」

03 保護者との連携

　鉛筆の持ち方ができていないという段階にもさまざまあると思います。

　ちょっと握り込み過ぎている子、まったくちがう指を使って持っている子まで、さまざまいるはずです。

　その実態をまずはつかみましょう。

　そのうえで、深刻な持ち方なら保護者との連携も視野に入れます。

　学級全体として、先ほどの鉛筆の持ち方についてお伝えしたうえで、面談などを通じて、鉛筆の持ち方について、保護者に協力をお願いしましょう。

　原則としては、叱るのではなく、できていたときにほめるようにお願いします。

04 効果的な道具の活用

　深刻な持ち方の子の中には、道具がその子に合っていなかったり、まだ持ち方の基礎が身についていなかったりするだけの子もいます。

　そのようなときは、持ち方をフォローしてくれる道具を使います。

　たとえば、「くもんのこどもえんぴつ」は、太めの三角形でつくられているので、正しく持ちやすいです。

　ほかにも、鉛筆用の持ち方サポーターといったものもあります。

　これをつけることで、正しく持つ意識づけがなされて、鉛筆を持つことに意欲的に取り組めます。

授業参観

1

な	は	ま	や	ら	わ
に	ひ	み		り	
ぬ	ふ	む	ゆ	る	を
ね	へ	め		れ	
の	ほ	も	よ	ろ	ん

▶ねらい

1年生で習った50音図表から言葉をたくさんつくり、語彙を豊かにする。

▶指導のポイント

授業参観なので、たくさんの子に活躍してもらいたいところです。今回の授業は、後半になればなるほど発表が難しくなります。だから、前半に全員ができる活動を入れ、多くの子に発表してもらうのがポイントです。また、後半は保護者を巻き込んで、保護者と協力して課題解決する場も設けます。授業に保護者を巻き込むことで参観者の満足感も得られます。

3

① 50音図から言葉をつくる
　　例　いす　め

② 使った文字は○をつける
　　この文字はもう使えない

③ 全部○がつけられたら成功

本時の展開

50音図を読む

事前準備として、黒板に50音図を板書するか、拡大印刷して掲示します。

「みんなもよく知っている50音図です。あいうえおから1回立って読みます」

「立って読めた人から座ります。座ってからも読む練習をしていると立派ですね」

「50音図を読んでくれる人？」
＊1行ずつ読ませるなど、たくさんの子どもが発表できるようにする。

02 言葉づくりのやり方を確認する

「50音図から言葉をつくります。たとえば、『いす』や『め』です。」

「このように出た言葉を先生が赤チョークで○をつけていきます」

「○をつけた文字はもう使えません。つまり、い・す・め は次からは使えないということです」

「ここまでをまとめると次のようになります」

2

```
たさかあ　　わらやまはなたさかあ
ちしきい　　り　　みひにち し きい
つすくう　　をるゆむふぬつ す くう
てせけえ　　れ　　めへねて せ けえ
とそこお　　んろよもほのとそこお
```
（右の表の「い」「す」「め」に○）

4

```
わ ら や ま は な た さ か あ
り 　 み ひ に ち し き い
を る ゆ む ふ ぬ つ す く う
れ 　 め へ ね て せ け え
ん ろ よ も ほ の と そ こ お
```
（すべての文字に○）

03 言葉づくりの練習をする

① 50音図から言葉をつくる
　　例 いすめ
② 使った文字は○をつける。この文字は
　　もう使えない
③ 全部○がつけられたら成功

　「はじめる前に少し練習します。50音図の表からどんな言葉がつくれそうですか？　思いつくだけ発表してください。」
＊ここでたくさん発表させ、多くの子を活躍させる

　「それでは、実際にやってみましょう」

04 実際にやってみる

うえ→てんと→あか→はな→ゆみや→わに→よる→れつ→たけのこ→め→さる→いき→ち→とり→くし→おふろ→むら

　「残っている文字は、せ・ぬ・ね・ひ・へ・ほ・ま・も・を の9文字ですね」

　「残り9文字です。もう少し言葉をつくれないか考えたいですね。今から後ろで参観してくれている保護者の方に相談にいきます」

　「言葉をたくさん知ることは国語でとっても大切です。2年生でもたくさんの言葉を勉強しましょうね」

読み聞かせ①

▶ ねらい

　学級開きに絵本を読み聞かせすることをおすすめします。担任の思いをソフトに楽しく伝えてくれる絵本だからです。時間が限られている始業式の日を計画的に進められるのもよいところです。

▶ 指導のポイント

　２年生に最初に読む絵本は、楽しくてみんなが笑顔になる絵本や２年生になったことをしみじみ感じられる絵本がおすすめです。楽しい絵本には、たくさん笑顔があふれる教室にしたいという担任の思いが込められます。

　学校には学校図書館があります。たくさんの絵本から選ぶのは大変かもしれません。自分の思いが込められた絵本を司書さんに協力をしてもらって探して、読み聞かせを始めてみませんか？

01　２年生進級おめでとう

中川ひろたか　文
村上康成　絵
童心社

『おおきくなるっていうことは』
１つ学年が上がった、２年生と自分の成長のことについて考えたくなる絵本です。「大きくなるっていうことはどんなことだと思う？」と問いかけ、どんな２年生をめざすか考えさせます。

02　みんなで声を出そう

土屋富士夫　作
福音館書店

『てじな』（幼児絵本シリーズ）
「あんどら　いんどら　うんどら」とみんなで声を出すと、一体感を生み出せます。この呪文の次のページには、おもしろい手品が描かれています。

読み聞かせ②

しんきゅう
おめでとう!

▶ねらい

　絵本の読み聞かせをするときに、どう読んだらよいか迷うことがあるかもしれません。そんなときに、ちょっと気をつけたらよいことをコツとして紹介します。

▶指導のポイント

　子どもに「よく見てね」と声をかけるよりも、よく見てしまう場をつくってしまいましょう。そして、ページをゆっくりめくったり、絵を長く見せたりと、見たくなる絵本の見せ方ができたらよいでしょう。

　読み聞かせに正しい方法はありません。しかし、子どもに届きやすい方法はあります。自分がよいと思う方法を読み聞かせをしながら見つけてください。

01 まずは、ぎゅっと開こう

　教科書を初めて開くときのように、新しい絵本を読む場合には、表紙、裏表紙、真ん中にしっかりと開き癖をつけます。そうすることで、絵本がしっかりと開いて、見開きのページを一枚の絵のように子どもたちに提示できます。

02 高い位置でしっかり固定

　子どもを前に集めて読み聞かせもよいですが、隙間の時間で読むなら移動はない方が時間的に無駄はありません。そこで、できるだけ高い位置で絵本を持って、遠くの子にも見えるようにします。揺れないようにしっかりと固定するとさらに見やすくなります。

5月 学級の仕組みをあたたかく定着させる5月

▶5月の目標

　学級開きからひと月。ゴールデンウィークという強敵が待ち構える5月です。この月の目標は、大型連休や次々とやってくる学校行事の中でいかに生活のルーティンを守りながら必要な介入に躊躇しないかということです。「第2の学級開き」という表現をする人もいるくらい、4月とは質の異なる期間なのだということを押さえておくとよいと思われます。キーワードは「丁寧な集団行動」です。

5月の学級経営を充実させるために

　5月はやはり連休前後の指導が大切です。ただし、「定めたルールを守っているか」をチェックするだけの冷たい管理的な視線で子どもを見ることではありません。「できていないこと」ばかりに注目すると、子どもの心が冷えてしまいます。健診や行事で授業の進み具合も気になる時期ではありますが、教師側の都合を中心に考えてしまうと学級経営がうまくいかなくなる場合が多いようです。

　そうではなく、「こんなにお休みが続いたし、行事もいろいろあるのに、できていてすごいなぁ！」といった温かい共感的な眼差しで子どもを加点的に見たいところです。多くの学校では、「スタンダード」が示されていることでしょう。それを守ることが目的化することは避けなければいけませんが、行事が集中する時期だからこそ疎かになりがちな生活や学習の約束を思い出して、ルーティンが守られるようにすることで、結果として安定した生活を送ることができます。

　さて、行事が多いということは集団行動の場面が増えるということでもあります。できていることを一つひとつほめ、できていないところはもう一度「かっこよくなろうよ！」を合言葉にみんなで確かめる、という姿勢で指導します。

　ただ、4月とちがうのは、行事が錯綜するために、これらの指導を時間のない中で行わざるを得ないということです。「一度は指導した」ということが教師を油断させがちですが、ルールが定着するまでには時間がかかるものです。むしろ、この時期に丁寧に指導し、定着まで導いていくことで、学校生活が安定して学びの密度も高くなります。根気強く指導していきましょう。

「行事を通して」育てるという意識で

　学級づくりにおいて、行事にどのように向かっていくかというのは大切なことですが、行事を成功させるために忙しくなって子どものことをよく見られないのでは本末転倒です。あくまでも「行

事を通して」子どもを育てるのだという意識を忘れずに集団生活における指導場面を逃さないことが大切だと思われます。

ひらがな書けるかな

1　2年生になると

　さて、2年生になった子どもたち。「ひらがな」はすべて読み書きすることはできるでしょうか。2年生では1年生に比べて少しずつノートテイク量が増えます。そのノートテイクを支える一つが「ひらがなの書き」です。このひらがなの書きは「小学校入学時点では個人差が大きいものの70〜80％」の到達度を示します。そして1年生の学習を進める中で能力を身につけていき「1年生後半ではほぼ100％の到達度を示」（川崎、2022）します。ですから2年生に進級し、担任の先生が持ち上がりでも新たに着任した先生でも学級の子どもたちの「ひらがなの書き」の状況をチェックしてみる必要があります。

2　どこに着目するの？

　「ひらがなの書き」の状況をチェックした結果、どうも苦手さがありそうな児童がいました。先生はどの部分に着目して苦手と判断したのでしょうか。字形が整わないこと、書くことに時間がかかること、マスに納まらないこと、ひらがなが思い出せないこと。着目するポイントがあります。その中から先生はどの指導を優先されるでしょうか。「書くことが苦手」であるから「書く」練習をひたすら繰り返すことが子どもの学びにつながるのかは、ていねいかつ慎重な検討が必要です。子どもの学びたい意欲を失うことのないかかわりをしたいものです。

3　文字と音の対応関係から

　書くことが苦手の場合、運動機能としての苦手さもたしかにありそうです。ですが、それ以上に「書く」ひらがなをそもそも思い出せないということが起こっているかもしれません。文字と音の対応がうまくできていない可能性があるのです。

　「書く」は「読む」から始まるのです。

　「その結果、無反応になったり異なる文字を書いたり特殊音声で書き誤ったりする傾向が多い」（川崎、2022）のです。まずはひらがな一文字一文字が正しく音と紐づいているのかを確認するところから始めることです。そして、「よみ指導に伴い書きも改善する傾向」（川崎、2022）にあることもわかっています。まずは「読む」ことからもう一度丁寧に取り組んでみましょう。

引用・参考文献
本郷一夫・大伴　潔編著（2022）『公認心理師スタンダードテキストシリーズ⑬障害者・障害児心理学』ミネルヴァ書房、第6章 限局性学習症／注意欠如・多動症の理解と支援

4月　**5月**　6月　7月　8月　9月　10月　11月　12月　1月　2月　3月

遠足の指導

▶ねらい

　普段と異なる生活環境にあって、見聞を広め、自然や文化などに親しむとともに、人間関係などの集団生活の在り方や公衆道徳などについての望ましい体験を積むことができる。

▶指導のポイント

　楽しく意味のある遠足にするために、目的を考えて場所を選択することが大切です。

　下見から当日の準備は、教師だけでするのではなく、子どもたちと目的を共有したり、ルールを確認したりする活動を学活の授業で取り入れると充実した遠足になります。

　当日は、安全に配慮しながら歩くことを学年の先生と連携して行いましょう。

本時の展開

01 目的の確認と場所の決定

　子どもたちが楽しみにしているのが遠足です。でも、それはただ楽しむためだけのものではありません。何のために行くかによって、場所は変わってきます。

　子どもたちに自然体験をさせたいのか、グループ行動をさせたいのか、公共交通機関を乗り降りする体験をさせたいのか、そのような目的を明確に決めたいです。

　目的が決まれば、自然と場所も決まってきます。

　おおむね学校ごとに定番のコースがありますから、それを参考にするとよいでしょう。

02 しっかり下見

　遠足の場所が決まったら、確実にしておきたいのが下見です。

　行ったことがあるから、大丈夫だろうと思っていると、直前に道が工事していたり、トイレが修理中だったりなど、予想外の出来事に右往左往してしまいます。

　ですから、学年の先生と必ず下見をしておきましょう。

　下見をする際、必ず写真を撮影しておくとよいです。

　これは教師が場所を思い出すためだけでなく、不安傾向がある子どもに事前に場所を見せることで、イメージをもたせることにつながります。

基本的には先頭を歩く　　　　　　　　横断歩道では横につく

03 当日までの準備

　当日までに子どもたちが使うしおりを作成します。

　昨年度と同じ場所に行くなら、過去のデータをもとに作成すればよいです。

　この際、遠足の約束のようなものが書かれていることがありますが、一方的に約束を伝えるよりも、子どもたちから、どんなことを大切にすべきか出させたいところです。

　子どもの意見をもとにつくられた約束は、子どもたちの中でも心に残りやすいです。

　また、遠足のしおりはできるだけ早く保護者に配布します。

　お弁当やお菓子の準備など、早めに配布することでゆとりをもって準備ができます。

04 当日の注意点

　当日、朝の時間に必ず確認すべきは子どもの体調です。

　体調の様子は言葉だけでなく顔色もしっかり見ましょう。

　遠足中の歩き方は、学年の先生と連携して横断歩道に立って誘導する人を常につくるようにします。

　子どもたちには、歩く途中で間が空かないように促します。

　間があいたときに無理に教師が走ったりすると、その後ろはもっと間が空いてしまうため、けがなどの原因になります。

　現地に到着したときや出発するときは、職員室に電話連絡を入れると安心できます。

交通安全指導

▶ ねらい

　登下校のときや、放課後には交通事故に気をつけ、安全に過ごすことの大切さを理解させる。

▶ 指導のポイント

　交通安全指導は、指導員の方や、警察の方をお招きしてお話を聞くことがあると思います。お話しいただく内容を事前に打ち合わせして確認しておくことが必要です。

　また、交通事故のデモンストレーションがある場合には、事前に本人や家族が事故などで被害を受けたことがないかを把握し、もしあった場合にはその場面は見ないようにするなど、配慮する必要があります。

本時の展開

01 安全指導の前に伝えたいこと

　子どもたちの安全への意識を確認しましょう。登下校の歩き方、自転車の乗り方など、アンケート形式で、聞くとよいでしょう。このときに、できていなくても、ユーモアを交えて、「それは、危ないよ～！」と返しましょう。交通安全について、学ぶための土台づくりをしたいので、自分の今をふりかえることができたらよいのです。

　外部の方が来てお話をしてくださるときには、その方たちについて事前に子どもたちに伝えておきます。少しでもお話ししてくださる方を身近に感じ、話を聞こうという気持ちをもつためです。また、来ていただいていることに感謝の気持ちをもてるようにするためでもあります。

02 安全指導のあとのまとめ

　ふりかえりを2つの視点で行います。「参加する姿勢」と「学んだこと」についてです。話をしっかり聞こうとしたかは、挙手で確認します。教師からは、聞き方が特に立派だった子を伝えます。自分のふりかえりと立派だった子へのフィードバックで、話を聞くことの大切さを伝えていきます。

　また、お話を理解したかは、簡単なミニテストにして確認します。テストだけではなく、自分の生活に生かせることを記述し、これから気をつけることを意識させます。

　今後の自分が気をつけることについては別紙に書いて、教室に掲示することもよいと思います。

こうつうあんぜんテスト

名前＿＿＿＿＿＿＿＿＿

事前にお話し頂く内容がわかるとテストをつくれます。 Point

今日のお話を思い出して、もんだいに答えましょう。

1 小学生のこうつうじこで一ばん多いげんいんはどれでしょう。
　ア　とび出し
　イ　しんごうむし
　ウ　スピードいはん

2 夕方や夜に、車のうんてんをしている人に気づいてもらいやすいふくの色は何色でしょう。
　ア　赤
　イ　くろ
　ウ　白

3 今日のお話を聞いて、今日から気をつけようと思うことを書きましょう。

苗植え

▶ねらい

野菜を育てることで、野菜の生命や成長に気づくと共に、地域に目を向け、身近な人とかかわっていく。

▶指導のポイント

○1年生での栽培の経験や、例年2年生で栽培している野菜を把握しておきます。

○野菜づくりについて、教えてくれる方が地域にいるかどうかを調べておきます。

○種芋や苗は季節的なものなので、購入時期を問い合わせておくことが必要です。

○畑の土づくりも植える1、2週間前から取り組んでおきましょう。

○これからのお世話が意欲的にできるように苗植えに取り組みましょう。

▶野菜づくりの本があると安心！

手元にあると安心なのが、野菜づくりの本です。家庭菜園などをしている方にとっては、当たり前のことでも、初めて取り組む方には、土づくりなど体験したことのないことはたくさんあります。実際、筆者も「マルチ」という土を覆う黒いビニールがあるとあまり草抜きをしなくていいと知ったのも教員になってからです。

低学年の担任になったときには、参考になる本を1冊準備すると心強いです。もちろんインターネット上にもたくさんの情報がありますので、そちらも参考になります。

本のよさは、関連情報がすぐ近くにあってそれに触れられることです。

本時の展開（2時間扱い）

01 前時

子どもにはどんな野菜を知っているのかをたくさん発表させます。発表する前に、知識の差が大きく出ないように、絵本に野菜が出てくるものを読み聞かせをおすすめします。

次に幼稚園、保育園や認定こども園、家庭などで、子どもたちがつくったことのある野菜やその経験を交流します。

最後に、一人一鉢でミニトマトを育てることを伝えます。トマトが嫌いな子もいますが、収穫したらお家に持って帰って、家族に食べてもらえることを伝えて、栽培することを楽しめるようにします。また、学級や学年の畑で育てる野菜についても話します。

02 植える前に観察しよう

観察カードは、絵と言葉で気づいたことを書いていきます。苗の観察は、教室で指導ができます。最初に、観察カードの書き方に慣れておくと、次の取り組みのときには、自分で進めることができる子が増えていきます。観察カードは、最後にまとめて成長の記録集をつくることを伝えます。

ポットに入った苗は、持ち上げたり、自分に近づけたりできるので、鉢に植えてあるものよりも観察しやすいです。自分の手の中にある苗を目や鼻、手を使ってじっくりと観察させましょう。子どものつぶやきを拾い、どんどん気づきを学級全体に広げて増やしていきます。愛着を増す子もいるでしょう。

植えた後、土をしっかり押しましょう！

うんうん

03 植えてみよう

① 自分の鉢にポットと同じくらいの穴を開けます。苗の鉢を入れて大きさを確認すると、ちょうどよい穴になります。

② そして、ポットから苗を取り出します。この取り出しで戸惑うことがありますので、図にして何度でも見られるようにしておくと、できなくて悲しい思いをする児童が減ります。

③ 穴に、苗を植えしっかりと土を押し、水をたっぷりあげます。

④ 手順を説明するときには、写真や絵で示し、言葉をつけ加えて教室で説明をします。タブレットだと、外に持っていって、何度でも画像を見せることができるため便利です。

04 ふりかえろう

植えた鉢を所定の位置に並べ、明日から根が落ち着くまで、毎日の水やりが必要なことを伝えて、教室に戻ります。

教室では、学習のふりかえりをします。苗を植えた感想や、初めて知った苗植えのコツ、観察カードに書いた苗の気づいたこと、植えるときに友だちとのかかわりなどを教室で交流しましょう。

生活科としての大切な気づきだったり、苗を大切にしようという心情だったり、友だちとの協働の姿が見えてきます。そこをしっかりほめて、その中でも、自分が大切だと思った心情や学びを観察カードに書き残すように伝えます。

5 MAY

4月 **5月** 6月 7月 8月 9月 10月 11月 12月 1月 2月 3月

身体計測

▶ねらい

身体計測をただの行事として終わらせるのではなく、目的をもって指導し、学級の成長へとつなげる。

▶指導のポイント

身体計測をただの行事として終わらせるのではなく、目的をもって指導します。次の4つの場面で指導を入れます。

1　事前指導
2　待っている間の指導
3　早く戻ってきた子への指導
4　並び方指導

これら4つの指導を下記で紹介しています。

本時の展開

01 事前指導

身体計測は絶好の「挨拶指導」の機会です。身体計測の前は、挨拶の仕方を指導しておきます。

「診てもらうときは、『お願いします』と言って頭を少し下げます。診てもらったら、『ありがとうございます』とお礼を言ってから保健室から出て行きます」

言葉だけでは当然できないので、何回か練習もしておきます。先生に向かって「お願いします」の練習をしたり、お隣同士で言い合って練習するなど、楽しく練習します。

02 待っている間の指導

身体計測を待っている間は「空白の時間」ができてしまいます。当然、廊下での待ち方も指導しておきます。

「廊下でやることがなくて話したくなる気持ちはとってもわかります。でも、廊下でのおしゃべりはすごく目立って保健室にいる先生たちは気になってしまいます。だから、廊下では静かにしてください」

気持ちに共感しつつ、どうしてダメなのかを短く語るようにします。また、待っている間に読める本を持っていくのも一つの手です。

03 早く戻ってきた子への指導

戻って来た子には、課題を用意しておくのが鉄則です。一番のおすすめは読書です。

「早く戻ってきた子は読書をしてみんなが帰ってくるのを待ちましょう」

と指導しておきます。さらにプラスして、

「先生が戻ってきたときに、誰が静かにしていたか聞きますね。静かにしていた人をぜひ教えてください」

と静かにしていた人を聞くことを宣言しておきます。

04 並び方指導

身体計測が終わったら、背の順が確定するので、背の順の並び方練習もします。

30人学級なら、1番から30番まで一人ずつ背の順の番号を伝えます。

次に、番号順に1列で並ぶ練習をします。ただ並ばせるのではなくゲーム感覚で楽しくやります。

「今から、1分以内に並んでもらいます。1分以内に並べたら君たちの勝ちです。」

1分以上ならもう一度挑戦させ、1分以内なら「次は50秒」などタイムを短くしてもう一度挑戦します。

1列に並ぶのが慣れたら2列にして同じように並ぶ練習をします。

6月 体験的な学びのサイクルを回し始める6月

▶ 6月の目標

　6月の目標は体験的な学びのサイクルを開始することです。すなわち、「計画する」－「やってみる」－「ふりかえる」－「もっとやってみたいことを考える」というサイクルのうち、「計画し、やってみること」をきっかけに、子どもたちが自ら動き出すためのひな型をつくり始める時期ととらえます。

6月の学級経営を充実させるために

　6月は「子どもたちが自ら動き出すためのひな型づくり」の最初の一歩です。最初の一歩ということは、ある意味で失敗することが前提です。結果を出すことよりも挑戦できたことの方が何十倍も価値が高いというスタンスで指導します。しかし、最初から全部を子どもに任せて、失敗「だけ」させても、その後の意欲につながりません。それは単なる放任です。また、すべてをお膳立てしては、いつまで経っても子ども主体の活動にしていくことはできません。「準備することと任せることの微妙なさじ加減」を確かめながら、子どもの活躍の場面をつくっていくことが6月の大切な仕事といえます。

　具体的には、学級会の話し合いの充実が考えられます。3学期には子どもだけでの運営ができるようにしたいならば、1学期の最後のお楽しみ会にはある程度、「みんなでたくさん意見を出す」「出された意見を検討していくつかにしぼる」という経験はさせたいものです。とするならば、5月までに1～2回経験したことを踏まえて、6月の学級会ではどこまでの役割を子どもに渡せばよいのか。そういうことを考えます。

　授業参観においても、クラスがそのような段階にあるのだということを保護者の方にもよく理解してもらうことが大切です。子どもの活躍場面があることが望ましいのは言うまでもありませんが、「本日ご覧いただいたお子さんの姿は、今まさに挑戦を始めた姿です」ということも併せて伝えていくことで、この後の教育活動にも前向きに協力していただけるのではないでしょうか。そして個人懇談のときには、そのスタートの地点からどのくらいの成長があったのかという観点で保護者と指導の方針を話し合います。

「魔の6月」を過度におそれず、みんなで育てる

　この時期、理想のクラス状況ではなかったとしても、そこが学級集団の新たなスタートラインだととらえます。むしろ、簡単には教師の意図通りには動かないというクラスなら、どのような教育

活動なら子どもたちは学びやすいのかと考えるチャンスです。学校組織は一人ではありません。周囲に相談しながら職員室のみんなで子どもたちを育てていきましょう。

声のかけ方で変わる

いつもどの位置から声をかけていますか

　先生は子どもたちに声をかけるとき、どの位置から発しているか気にかけたことはありますか。
　大事な発問をするとき、教室のどの位置から子どもたちに問いかけていますか。
　学級全体に伝わるポジションはもう把握されていますでしょうか。

両耳で音の方向を把握している

　耳が2つあるのは、音源の方向をより効率よく把握するためであるといわれています。左右それぞれの耳が音を把握するタイミングの差によって音源の水平方向の位置特定がされています。そのときに音の強さも手掛かりになっています。ただし、垂直方向の音の特定には、頭部や耳介の形状によっても異なることがあるとされています。まだ発育段階途中の2年生では個人差も考慮すべきことになりそうです。

視覚の情報と合わせている

　音の位置を特定するためにはもちろん視覚からの情報が重要になっています。むしろ、位置を知るには視覚情報の方が有効です。合わせて聴覚で音の出るタイミングを把握しています。聴覚だけでは水平方向の位置を特定することは可能ですが、垂直方向の把握は難しいのです。ですから、そこは視覚からの情報と合わせて位置を特定しているのです。

教室の後ろから声をかけると

　たとえば、課題に取り組んでいるときに、先生が教室の後ろから全体へ声をかけるとどうでしょう。まず視覚からの情報がほぼありませんので、垂直方向の把握が難しくなります。聴覚の情報だけに頼らざるを得なくなりますし、加えて、課題に取り組んでいるため聴覚だけに集中するのも難しい状況が生まれます。その中で大切なことを伝えても子どもたちはそもそも処理するのが難しいというのは想像に難くないのではないでしょうか。大切なことを伝えるときには、必ず「見える位置」に立ち、子どもが先生を視覚で認識したことを確認してから、声をかけることです。反対に思考の片隅に入れてほしいことは、後ろからさらっと伝えることです。

引用・参考文献
岩田　誠監修（2011）「プロが教える　脳のすべてがわかる本」ナツメ社

避難訓練
（登下校）の指導

▶ねらい

　災害により引き起こされる危険を感じ、大人の指示に従うなどして適切な行動がとれるようになる。

▶指導のポイント

　避難訓練には大きく分けて2種類存在します。

　1つは防災、もう1つは防犯です。

　今回は防災に特化してポイントを示します。

　防災のための避難訓練では、低学年段階だからこそ、まずは教師の指示のもと時間内に避難ができることを大切にします。

　そのために、特に事前指導と事後指導でのふりかえりの時間が大切になります。

防災教育に関する絵本の読み聞かせ

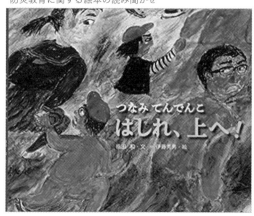

　2011年3月11日。東日本大震災のあの日襲ってきた大津波をみんなでいきのびた、釜石の小・中学生のドキュメントを絵本にした作品です。自分の命は自分で守る、その大切さを絵本からで学ぶことができます。

指田和 文　伊藤秀夫 絵『はしれ、上へ! つなみてんでんこ』ポプラ社

本時の展開

01 避難訓練の事前指導

　2年生の子どもたちは避難訓練を昨年度経験しているため、基本的なことは知っています。

　ただ、学校生活に慣れてきた時期だからこそ、訓練だと思い、ふざけてしまうことが想定されます。

　避難訓練の前に、定番ではありますが、合言葉で避難のポイントを教えます。

お	→	おさない
か	→	かけない（走らない）
し	→	しゃべらない
も	→	もどらない
ち	→	近づかない（倒れそうなものに）

02 避難訓練の事後指導

　実際に避難訓練をやってみると、多くの場合、子どもたちは真剣に取り組みます。

　それでも、必ず課題が見られるはずです。

　その課題を教師が指摘するのではなく、子どもたちに気づかせる形で実施します。

　「今日の避難訓練は自分の中で、何点でしたか？　点数とその理由を説明してください」「7点です。しゃべらず訓練はできたけれど、並ぶのが少し遅くなったので、次回はテキパキ行動したいです」

　このようなことを順番に発表します。

　そして、子どもたちの発表から次回は、【おかしもち】の『し』をがんばるといった目標をつくると、次回の避難訓練につながります。

03 避難訓練の日常的な指導

避難訓練のときだけ、そのことを扱っていてはあまり意味がありません。

防災教育という視点で、さまざまな学習を通じて、防災教育を実施していきたいです。

たとえば、道徳の授業で、東日本大震災の事例を取り上げて、実際に被災された人たちがどのような行動をとったのか、考える授業もできます。

また、朝の読み聞かせで、防災に関する絵本を読むことも意味があります。

避難訓練というイベント的な取り組みだけでなく、日常のどの部分に防災の視点があるのか、教師は探していくとよいです。

04 登下校の指導

防災教育と関連して、登下校の指導があります。

低学年の子どもたちは登下校中にトラブルや事故に巻き込まれることが多いです。

登下校の指導は、教師のする仕事ではないと文部科学省の通知でも示されています。

しかし、そうは言っても、登下校で起きるトラブルを教師が見て見ぬふりもできません。

よりよい下校の仕方について学活などを通じて、クラスみんなで考える時間をとることも、時には必要です。

学級会

▶ねらい

　クラス会議の進行のやり方を丁寧に教えることによって、「自分たちの問題を自分たちの力で解決していこう」とする態度を育てる。

▶指導のポイント

　学級会でクラス会議をします。クラス会議で目指すのは「自分たちの問題を自分たちの力で解決していけるようになること」です。

　ポイントは「最初から子どもたちにすべて任せるのではなく、徐々に子どもたちだけで会議が進行できるようにする」ことです。

マニュアル

①はじめの言葉
「これから第○回クラス会議をはじめます。礼」

②話し合いのルール
「話し合いのルールを確認します。」

1つ目は（	）
2つ目は（	）
3つ目は（	）です

③ハッピーサンキューナイス
「これからハッピー・サンキュー・ナイスをします。
まずは司会の私（ぼく）から言います。」
＊司会の人ハッピー・サンキュー・ナイスを言う。
「次からは順番にお願いします。」　＊パスOK

④前回の解決策のふりかえり
「前回の議題は○○で、解決策は○○でした。」
「前回の解決策は上手くいっていますか？」

＊上手くいっている
「上手くいっていて、良かったです。」
＊上手くいっていない
「上手くいっていないようなので、もう一度

本時の展開

01　第1回は教師がすべて仕切って行う

　本来のクラス会議はすべて子どもが仕切るのですが、2年生という発達段階を考えて、第1回のクラス会議だけはすべて教師が仕切ります。つまり、司会と副司会と黒板書記の役割をすべて教師が担当するということです。司会は上記の司会進行マニュアルに沿って進行していきます。

　また、議題も本来は子どもから出た議題を取り上げるのですが、今回は教師から議題を出して行いました。

　クラス会議は5つのステップで進めます。

1　ハッピー・サンキュー・ナイス
2　前回のふりかえり
3　議題の話し合い

4　解決策の決定
5　今日のふりかえり

　これらのステップを教師が進め、お手本を見せることで、次回以降スムーズに会議を進めることができます。

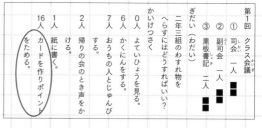

年　組　番（　　　　　　）

話し合いをしますか？
それとも、もう少し様子を見ますか？」

⑤議題の提案
「今日の議題は○○です。」
「提案者の○○さん　何かつけたすことはありますか？」
＊あれば提案者が答える
「議題について質問はありますか？」
＊手をあげている子がいれば指名する

⑥話し合い
「それでは、話し合いをします。」
「解決策をまわりの人と話し合います。時間は○分です。」

「話し合った解決策を順番に発表してください。」　＊パスOK

⑦決定
＊議題がみんなに関係する時
「多数決をします。一人○回手をあげます。」

＊議題が個人的な問題の時
「提案者の○○さん、解決策で良いものがあれば選んでください。」

⑧決まったことの発表
「黒板書記さん、決まったことを発表してください。」

⑨今日のクラス会議のふりかえり
「司会、副司会、黒板書記から一言ずつ感想を言います。」
「最後に、先生から一言お願いします。」

⑩あいさつ
「起立！これで、第○回クラス会議を終わります。　礼！　」

参考文献　「たいち先生のクラス会議」深見太一著　学陽書房

02　第2回は副司会を子どもに任せる

　第2回は、副司会のみ子どもにやってもらいます。副司会の子に上記のマニュアルを渡し、ところどころ教師が補佐します。

　また、議題はクラス会議をするときの「話し合い」のルール決めをします。

第二回　クラス会議
①司会　一人　②副司会　一人　③黒板書記　二人

ぎだい（わだい）
クラス会議でみんなが気もちよく話せるためのルールをきめよう。

かいけつさく
0人　マイナスことば言わない。
15人　プラスことばを言う。
17人　カードを作る。
0人　なかよく話す。
1人　ずっといい気分でいる。
26人　きもちよくはっぴょうする。
3人　にこやかに、はっぴょうしている人を見る。
9人　なかのよい友だちと話す。
0人　おこった言い方で言わない。
19人　みんなの発表をよくきく。
2人　わるくちを言わない。

03　第3回以降はすべて子どもに任せる

　第3回以降は、すべて子どもに任せます。教師は黒板書記の子の補佐に徹します。進行がうまくいかなくてもグッと我慢して子どもたちで進めるようにします。もちろん、司会などをやった子を、後でしっかりと価値づけます。

第6回　クラス会議
司会　〃　副司会　〃　黒板

議題　＃だい
どうしたら、みんなかけ算九九をおぼえられるか。

解決さく
17人　自学でれんしゅうするを出してもらう。
7人　家の人にもんだいをだしてもらう。
15人　九九の歌を作る（つまみそうじのとき？）
14人　家でれんしゅうする。
15人　教室に入る前に九九をいう
0人　紙に九九をかいておぼえる。
11人　九九をおまもりをもつ
8人　自学でれんしゅうする九九をいう先生にかくにんしてもらう。

75

トラブル対応の
イロハ

▶ねらい

　トラブル解決は、友だちとのよりよい関係を築いていくための学びが得られる好機です。よいか悪いかをジャッジするのではなく、どうしたらもっとよくかかわれるかという姿勢で臨みます。

▶指導のポイント

　教師がどのように指導したのかよりも、子ども自身がトラブルをどのように受け止めたかが大切です。トラブルのきっかけになった（改めるべき）かかわり方を理解できるようにするとともに、同じ失敗を繰り返さないために、どのようなことに気をつけなければいけないのかを考えられるようにします。指導に際しては教師が「事実」と「思い」を丁寧に聞き分け、整理してあげることが必要です。

本時の展開

01 事実を確認する

　子どもの興奮が収まるのを待って、
・いつ　・だれが　・だれに　・どのように・どうしたのか　…といった、誰から見ても変わらない客観的な事実を整理します。このとき、ノートを子どもに見せながら書くと理解しやすいようです。

02 本当はどうしたかったのか確かめる

　ここで行われている話し合いは、互いのよりよい関係をつくり、素敵なクラスにしていくための大切な時間であることを伝え、「本当はどうしたかったのか」を確かめます。このときはまだ善しあしをジャッジしてはいけません。子どもの「思い」を受け止めます。

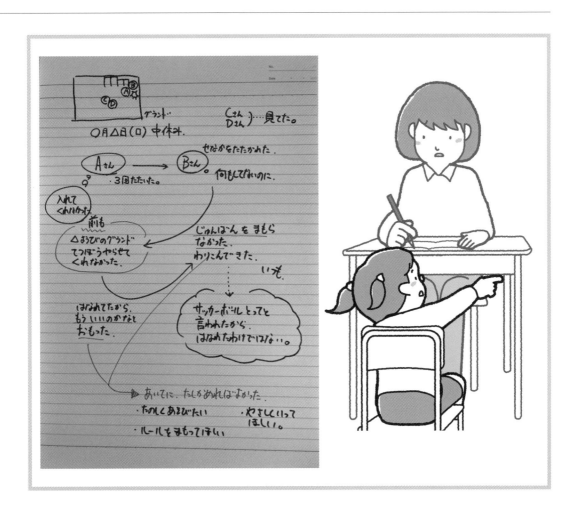

03 どうしたらよいか考える

子どもたちそれぞれがこうしたい・こうなりたいという姿を自分自身で明確にできたら、「そのためにはどうしたらよかったのか」「次からどうしていけば、かっこいい自分になれそうか」について話し合います。教師は基本的に励ましのトーンで接します。

04 関係を修復する

ごめんなさい

ここまでは「自分の問題」に焦点を当ててきました。最後に「お互いの関係」について悪かったところを謝罪し、区切りをつけます。子どもたちがすんなりと謝罪し、許すことができれば、教師はトラブルから学ぶことができたことをほめて指導を終えます。

魔の6月・
予防と対策

▶ねらい

　魔の6月と呼ばれる学級が不安定になりやすい時期を乗り切るために、積極的に予防的な手立てを打つ。

▶指導のポイント

　魔の6月と呼ばれるくらい、6月の時期になると学級が荒れるクラスが出てきます。

　しかし、その主たる原因は教師の疲れで指導が安定しないことやこれまでの学級経営の積み重ねが出てきていることが多いです。

　だからこそ、6月になってからの対策とともに予防的に学級をよりよくするアプローチをしていくことが大切です。

おすすめ
雨の日グッズ

①しょうぎ

短時間でできるため、子どもたちが休み時間のなかで、何試合もできます。特に「どうぶつしょうぎ」（小学館）がおすすめです。

本時の展開

01 魔の6月を迎え撃つ5月

　GW明け、学級にしっかりとした土台ができていると、6月の不安定さは、それほどやってきません。

　そのような意味で、5月にしっかりと学級経営のプランを教師も子どもも描いておきたいです。

　たとえば、教師であれば、学級経営案を書く際に、一体どのような力が土台として必要か書き出し、実行したいです。

　聴く力、かかわる力、利他の心など、どのような土台を学級に作るかを考えておきます。

　子どもたちであれば、学級目標がそれに当たるかもしれません。

　土台づくりの5月が6月につながります。

02 7割主義が見せる世界

　6月が不安定になるのは教師も子どもも疲れてくる時期だからです。

　そのうえ、祝日がない、雨も多い、マイナスのエネルギーが溜まっていきます。

　そのような時期をがんばることは大切ですが、無理し過ぎない、7割主義でよいと考えます。

　そうやってハードルを低くすると、自然と子どもたちのがんばりにも目がいきます。

　「疲れやすい時期なのに、よくがんばっているねぇ」

　「4月と比べて、音読がすごく上手になったよ。先生びっくりしちゃったぁ♪」

　見方を変えれば言葉が変わります。

②囲碁

難しそうなイメージのある囲碁ですが、簡易的なサイズにすることで、初心者でもできるのが魅力です。

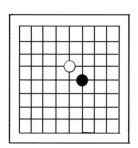

③カードゲーム

定番中の定番のカードゲーム。説明がなくてもできる子が多くいるので大活躍します。特にUNOがおすすめです。

④パーティーゲーム

DOBBLE（ドブル）がおすすめです。色々なカードゲームができます。一番シンプルなのが、同じマークを見つけて宣言するルールです。シンプルだからこそ熱中します。

03 6月にイベントを企画する

　魔の6月は、雨も多いため、エネルギーが溜まりやすい時期です。

　行事も比較的少ない季節なので、エネルギーの出しどころが子どもにはないのです。だったら、エネルギーを発散するイベントをつくればよいと考えます。たとえば、梅雨パーティーと題して、それぞれの係に出し物を考えてもらいます。

　子どもたちは目をキラキラさせながら、自分たちの係のお店を考えるでしょう。

　子どもたちのエネルギーがプラスへと変換されていくイベントになります。

　正しい形でエネルギーを放出する場を提供するのも教師の仕事です。

04 雨を乗り切るアイテムの活用

　いろいろな手立ては打ちますが、それでも雨が多いという現実は変わりません。

　教室で過ごす以上、エネルギーは溜まりますから、適度に発散できる雨の日グッズは必須アイテムです。

　たとえば、カードゲーム系、オセロ、どうぶつしょうぎ、ふれあい囲碁など、バラエティーあるグッズが教室にあるだけで、子どもたちは楽しめます。

　また、今の時代なら、タブレット端末のアプリもおすすめです。

　タイピングやプログラミングを休み時間に使えるようにすると、子どもたちは熱中して取り組みます。

授業参観

▶ねらい

教師がキャビンアテンダントになりきってカタカナの飲み物などを聞き、楽しい雰囲気をつくっていく。

▶指導のポイント

前半のカタカナの飲み物・食べ物・動物を発表する場面で「全員発表」するのがポイントです。

もちろん、発表は同じ飲み物や食べ物になっても大丈夫です。保護者の前で楽しそうに子どもたちが発表している姿を見せるのが大切です。

アテンションプリーズ！
〇〇小学校〇年〇組のみなさん
ようこそカタカナ航空にご搭乗
くださいました。
当機では、カタカナのお飲み
物がご用意できます。
何がよろしいでしょうか？

本時の展開

01 キャビンアテンダントになってカタカナの飲み物・食べ物・生き物を聞く

「アテンションプリーズ!!〇〇小学校〇年〇組のみなさん。ようこそカタカナ航空にご搭乗くださいました。当機では、カタカナのお飲み物がご用意できます。何がよろしいでしょうか」（列指名）
・サイダーです。　ご用意できます
・オレンジジュースです。　ご用意できます。
・お茶です。　申し訳ありません。当機はカタカナの飲み物のみご用意できます。
＊30人学級なら、3分の1の10人に聞く。

上のように教師がキャビンアテンダントになりきってやると盛り上がります。また、子どもの発言はすべて板書しておきます。

「お待たせいたしました。食事のご用意ができました。当機では、カタカタの食べ物のみお出しできます。何がよろしいでしょうか」
・ハンバーグです。　ご用意できます。
・アイスクリームです。　ご用意できます。
＊30人学級なら、3分の1の10人に聞く。

サファリに着きました。カタカナの動物をご覧になれます。何が見たいでしょうか。
・ライオンです。　　見ることができます。
・チーターです。　　見ることができます。
＊30人学級なら、3分の1の10人に聞く
　これで全員発表したことになります。

＊「カタカナの旅」の原実践は TOSS 相模原の岡恵子先生です。

02 旅の思い出を例文を参考にしながら日記に書く

アフリカの旅はどうでしたか？　思い出を忘れない
うちに日記に書いておきましょう。

自分の好きな飲み物、食べ物、動物を2つずつ決め
ます。決まったらノートに書いてください。

・ソーダ　コーラ
・ケーキ　パン
・ライオン　チーター　など

今からノートに書いてあるカタカナを使って日記を
書きます。例文を参考にして書きます。＊右の例文を
配付する

例文
　ぼくはみんなとアフリカへいきました。　ひこうきで
いきました。
　ひこうきの中で（　　　　　　　）をのみました。
（　　　　　　）と（　　　　　　　）もたべました。おいし
かったです。
　サファリへついたら、（　　　　　）と（　　　　　　）
を見ました。とてもたのしかったです。

＊書く時間がなかなかとれないなら、例文をワークー
シートとして（　　　　）の中にカタカナを書くだけ
にしてもよいです。

席替え

▶ねらい

人間関係が流動的といわれる２年生においては、席がかわると遊ぶ友だちもかわるほど交友関係に影響します*1。座席の配置も「学級組織づくり」の一つと考えて教師が計画的に行います。

▶指導のポイント

席替えについて配慮しなければならない点は以下の４つです*2。「席はみんなが勉強しやすくなるように先生が決めます」と伝え、教師が子どもたち一人ひとりに配慮しながら進めていることが理解できるようにします。

① 視力・聴力への配慮
② 身長への配慮
③ 支援の要する子への配慮
④ 同性が偏らないようにする配慮

前項の「四つの配慮」について補足します。

① 視力・聴力への配慮

養護教諭と連携し、子どもの身体の状況を把握しておきます。子どもたち全員が「黒板が見える・教師の話が聞こえる」状態をつくります。

② 身長への配慮

目的は①と同じです。身長の差によって黒板を見るときに視野が妨げられることがないように配慮します。

③ 支援の要する子への配慮

その子どもの特性によって、教卓になるべく近い方がいいのかクールダウンのために教室から出やすい場所がいいのかなど、コーディネーターの先生や学習支援員の先生と連携して座席位置を決めます。

④ 同性が偏らないようにする配慮

男女関係なく遊んだり勉強したりするためには、日頃から男女がバランスよく混合するような座席配置が大切です。

席替えの基本的なサイクル

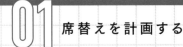

01 席替えを計画する

６月は、学級の仕組みづくりの取り組みが一通り終わり、定着するまでしつこく指導を積み重ねる時期です。ともすればマンネリに陥りがちですので、上記の①〜④の配慮事項を参照しながら新しい席を考えます。

02 席替えによる変化を観察する

「AさんとBさんを近くすることで、〜となればいいな」「CさんとDさんの席を遠くしたことで、新たなEさんやFさんとの交流が生まれるはず」といった、席替えの構想中に考えていたことを視点に、子どもたちの間に生まれる変化を観察します。

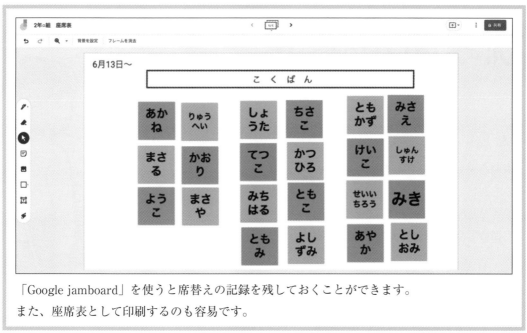

「Google jamboard」を使うと席替えの記録を残しておくことができます。
また、座席表として印刷するのも容易です。

*1、*2　進藤猛編著（1994）『学級経営70のポイント【低学年】』東洋館出版社

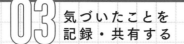

気づいたことを 記録・共有する

　子どもの様子のうち、その子の成長にとって重要なことや変化などが見られたら記録し、学年の先生、学習支援員さんや養護の先生、場合によっては生徒指導部の先生と共有します。また、保護者面談で話す素材にすることも考えられます。

次の席替えの方向性を 考える

　任意の期間が過ぎたら、席替えを行います。その際、02・03の観察や記録を参考にしながら新しい刺激が得られるように席替えの方向性を考えます。01〜04の繰り返しによりどの子にとっても「学びやすい環境」をつくることができるようにします。

読み聞かせ③

▶ねらい

運動会という行事を楽しみにしている子は多いでしょう。しかし、そうでもない子もいます。行事前に関連する絵本を読むことで、行事に気持ちが向かない子の心を少し温めてくれそうな絵本を紹介します。

▶指導のポイント

運動会前日は、持ち物の確認や登校時刻の確認など事務連絡が多くなります。また、連日の疲れも出ているので、体を動かして発散というのも難しい子がいるかもしれません。

そこで、運動会の絵本の読み聞かせをおすすめします。運動会の絵本はたくさんあります。その中でも、楽しくて明日が楽しみになる本を選んでください。

01 早く走る極意

くすのきしげのり　作
吉田尚令　絵
佼成出版社

『ぼくのジィちゃん』
田舎から出てきたジィちゃんがお父さんの代わりに保護者リレーに出ると驚きの結果に！　ジィちゃんの走り方をまねする子がいました。

02 どんな順位もめでたい

石津ちひろ　文
山村浩二　絵
福音館書店

『おやおや、おやさい』
野菜のマラソン大会が描かれ、「どんないろでもめでたいメダル」と終わるところがよいです。勝ち負けではない走る楽しさを伝えられます。

読み聞かせ④

▶ねらい

　絵本は「絵の本」ですので、絵がよく見えるようにしたいものです。一つ目のコツは、p.59の「読み聞かせ②」に書いた絵本の持ち方です。もう一つが、ページのめくり方です。

　絵本は見返しも楽しいしかけがあるので、ぜひ見てほしいです。

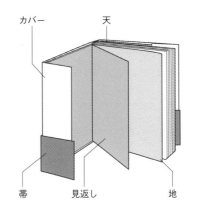

カバー　　　　天

帯　　　見返し　　　地

▶ポイント

　できるだけ、絵に読み手のめくる手がかからないようにページめくりができると、子どもたちも絵本の世界に没入しやすくなると思います。ポイントは、ページは自分の方から、遠くに押し出すようにすることです。

Point

見返しやカバーを外した表紙も見てください。

01　文が縦書き

　絵本の文章が縦書きのときには左手で絵本を持って、右手でページを押し出すと絵を遮らずにページをめくることができます。

　読み聞かせの上手な方は、絵本の地の方でページを操作します。

02　文が横書き

　絵本の文章が横書きのときには右手で絵本を持って、右手でページを押し出すと絵を遮らずにページをめくることができます。

　ページをめくりやすくするために、カバーを外し、指サックをつけるのもよいです。

1周目の学びのサイクルを
ふりかえる7月

▶ 7月の目標

　学校で身につけた学びの構えが夏休みの間も発揮されるかどうか。教師主導から子ども主体へと受け渡していくことを考えると、7月の目標は「1学期に身につけた力を確かめ、夏休みにもなんらかの形で発揮する」ための支援と考えるとよいのではないでしょうか。これまでの学びをバッグに詰めて持ち帰るイメージです。

7月の学級経営を充実させるために

　7月は1周回ったサイクルの中で「何ができるようになったのか」「何が面白かったのか」「次にどんなことをやってみたいのか」と言葉にしていくことが大切です。いわゆる「ふりかえり」です。

　とはいうものの、小学2年生のもっている語彙は限られたものでしょうし、「体験したことをふりかえり、次につなげる」という行為を精度高く行うことは大人でも難しいものです。学びのサイクルが2周目、3周目と回っていくにつれてふりかえりも上手になっていきますが、7月の段階では簡単にできるふりかえりで、自分たちの成長を喜び合える機会とすることがよいのではないかと思われます。

　そのために、以下のような取り組みが考えられます。

○ 学級掲示を見て、体験を想起する

○ その際、「いちばん、○○だったこと」を交流するおしゃべりタイムをとる

○「自分でつくる自分のための通知表」をつくる

○ 生活科のワークシートを最初から最後まで順番に読んで、気づきをメモする

○「できるようになったこと発表会」をする

　このほかにも、「子どもが自分の育ちを実感できる活動」がたくさん考えられると思います。望ましいのは、「自分の育ち」を誇るとともに「友だちの育ち」をともに喜び合うことです。普段の友だちづくりの取り組みが問われる場面ではありますが、次の学年に向けて「仲間意識」の種まきを心がけていきたいところです。

家庭への「ケア」の視点をもつ

　子どもたちは夏休みの間も、ちゃんとご飯が食べられそうですか？　子どもたちだけで夜を過ごすという家庭はありませんか？　学校にできることは限られているかもしれませんが、家で過ごす時間が長くなる夏休みの前には、改めてケアが必要な子どもがいないかどうか学校全体で情報共有

しておくことが必要です。2学期に全員そろった顔をクラスで見るためにも意識しておきたい点です。

好きや得意を学びの入り口にする

1 「好き」から始める

　学級の中にみんなと同じペースで学ぶことが少し難しい子、みんなと同じ方法で学ぶことが難しい子がいます。いろいろな子たちが一緒に同じ学習内容を学んでいます。このような子たちには、どのようにアプローチすればよいのでしょうか。

　たとえば、虫が好きな子。

　「虫から始める？」。端から見れば授業本来からずいぶん外れてしまっているように見えるかもしれません。でも、ふと立ち止まってゆるやかに見てみると、「誰よりも虫が好きで、虫にのめり込んでしまう子」なのかもしれません。そんな子には、好きな虫を媒介として、少しずつ学びにつなげていきたいところです。

2 学びの土俵へ

　好きな虫から学びにどうつなげていくのか。そんなの教科書にはないし、教科書の赤刷りにも載っていません。まずは、好きな虫を分析してみましょう。色、形、種類、季節、えさ、雄雌、生息地域…なんだかちょっと学びにつながる要素が見つかりそうです。さらに、そこから数や量なども加わると、一気に学びになりそうな予感がしてきます。ただ、ここで焦ってすぐに教科書の学習をイメージさせるようなかかわりをすると、子どもはまた遠いところにいってしまいます。ゆっくりじっくりと一緒に虫の話をしていくことで、学びの土俵へ誘うことが必要です。

3 得意な方法で

　さらに、この「好き」を学びへつないでいくときに、その子どもの得意な認知処理の方法をおさえて生かせるようになるとグッと学びが加速します。いくら「好き」なものから始めても、学ぶ方法が苦手であれば、子どもはやはり学びから遠ざかってしまいます。ここを先生がちょっとだけサポートすることで、子どもは自分なりの学び方で、学級の中の他の子たちとも学んでいくようになるのではないでしょうか。

「好き×得意」で2年生から学びのスタイルを。

参考文献　藤田和弘他著（1998）「長所活用型指導で子どもが変わる」図書文化社
　　　　　藤田和弘著（2019）『「継次処理」と「同時処理」学び方の2つのタイプ：認知処理スタイルを生かして得意な学び方を身につける』図書文化社

宿題指導①

▶ねらい

　自主学習（以下、自学）を希望制にすることと、自主学習の書き方を具体的に教えることによって「自主的な学習」をやる子を増やす。

▶指導のポイント

　2年生のうちから「自主的な学習」の機会を与えてあげたいと考えています。そこで、2学期からは、自主学習ノートをスタートさせます。

　ポイントとしては「自学はやりたい子だけやる」です。強制でやる自学は自学ではありません。次の5つのことに当てはまる子のみ、「自学をやってもよい」とします。

① 宿題プリントを毎日ていねいに取り組んでいる
② 宿題プリントだけでは少し物足りないと感じている
③ 自主学習ノートに書く字をていねいに書ける
④ 自主学習ノートを毎日続けられる
⑤ 先生に言われたことをきちんとできる

　つまり、自学をやることが一種のステータスになるように仕向けるのです。もちろん、無理してやらせる必要はありません。やらない子は宿題をしっかりやればよいのです。

　右のように学年通信で伝えて、次の日に自学を提出したのは33名中7名でした。この7名の子が継続してできるように自学の書き方を具体的に教える必要があります。

本時の展開

01　自学の書き方を具体的に教える

自学のやり方は次の5つです。
① 日付け・曜日・取り組んだ回数・やった時間を一番上に必ず書く。
② ㋯と書いて、今日の自学の計画（めあて）を書く。
③ 自分で問題を作ったり、調べたりする。何も考えないで答え等を丸写ししない。
　また、解いた問題は必ず丸つけをする。
④ ㋱と書いて、今日の自学をやってみての分析（ふりかえり）を書く。
⑤ ㋩と書いて、間違えた問題はもう一度練習する。

書き方は葛原祥太先生の「けテぶれ」を参考にしています。

9/8(水) ② 20分.
㋱ サン字スキル13のテストを100点とるために、サンまれんしゅうをする。
①兄 ②弟 ③午前 ④夜 ⑤国語 ✓⑥算数 ⑦音楽 ⑧体育 ⑨青い ✓⑩白い
㋱ 2つまちがえたので、れんしゅうしておぼえる。
㋩ ⑥算数 ⑩白い

自主学習ノート　始めます

　夏休み明けの勉強はどうでしたか？　なかなかリズムが戻らない子もいたかもしれません。リズムを戻すには、やるべきことを一生懸命やるだけです。当然、宿題もやるべきことです。少しさぼってしまった子いませんか？　今が頑張り時ですよ！！ファイトです。

　さて、**9月7日（月）**から、宿題にプラスして自主学習ノートを始めます。自主学習ノートは全員が取り組まなければいけないものではありません。
　次の５つのことが「できている」と思う子は、ぜひ自主学習ノートに取り組んでください。

① 宿題プリントを毎日ていねいに取り組んでいる
② 宿題プリントだけでは少し物足らないと感じている
③ 自主学習ノートに書く字をていねいに書ける
④ 自主学習ノートを毎日続けられる
⑤ 先生に言われたことをきちんとできる

　ちょっと「できていないな」と思う子は、今まで通り宿題を一生懸命頑張ってください。自主学習ノートは強制でもなんでもありません。だから、無理しなくて大丈夫です！！

　やってみようと思った子で、「どんな内容をやればいいの？」や「どうやって書けばいいの？」と思った子がいるかもしれません。安心してください。**来週の「かしこくカッコよく」の通信で、内容や書き方の例を紹介**します。

　～ 保護者の方へ ～
　自主学習ノートに取り組むかどうかをお子さんと話しあって決めてください。取り組まれる場合は、ノートの準備をお願いいたします。ノートは**5mm 方眼ノート**をご用意ください。また、**子ども任せにせず、ノートを見て励ましの言葉やコメントをお願いします。**ご協力よろしくお願いいたします。

7月

| 4月 | 5月 | 6月 | **7月** | 8月 | 9月 | 10月 | 11月 | 12月 | 1月 | 2月 | 3月 |

大掃除の指導

▶ねらい

　自分たちが使ってきた教室をきれいな状態にして、気持ちよく新学期を迎えられるようにする。

▶指導のポイント

　学期末には必ず大掃除をするようにします。大掃除をすることで、新学期の準備をすることにつながります。

　それとともに、子どもたちの力を借りることで、教師が夏休み中に一人で片づけをする必要がなくなります。

　子どもたちも普段の掃除以上に、やる気を出して掃除をするので、大いに子どものがんばりを認めることができます。

忘れがちな大掃除スポット　ベスト5

1　水道場
→うっかり忘れると、夏休み中臭くなります。排水溝まできれいにしたいです。

2　掃除機のごみ捨て
→掃除機自体のごみも溜まったままにしがちです。しっかり捨てましょう。

3　エアコンのフィルター
→フィルターは、きっとほこりまみれです。掃除しないと、涼しくなりません。

4　黒板消しクリーナー
→掃除すれば、黒板消しがきれいになります。

5　机や椅子の足の裏
→大掃除の最初に、子どもたちにほこりをとってもらいましょう。

本時の展開

01 大掃除の道具を用意

　大掃除になると、普段、掃除が嫌いな子どもたちも、急にやる気を出してがんばります。

　いざがんばろうとする子どもたちのやる気をさらにアップさせるために、しっかりと道具を用意してあげるとよいです。

　たとえば、メラミンスポンジ、使い終わった歯ブラシ、マイクロファイバーぞうきんなど、特別な道具があるだけで、子どもたちのやる気は一気に高まります。

　また、普段は水拭きをしないようなところも、水拭きの許可を出すと、やる気がさらにアップするものです。

　子どものやる気に火をつける道具を用意しましょう。

02 明確な役割分担

　道具が用意できたら、役割分担です。

　教室の掃除や普段学校内で分担している場所がベースになります。

　それに加えて、靴箱の掃除を忘れないようにしたいです。

　靴箱の掃除は普段やらないことが多いので、そこも丁寧に掃除してもらいましょう。

　班ごとや普段やっている掃除の班をもとに分担して活動します。

　掃除道具については、班ごとに割り当てて、相談して決めるようにしましょう。

　うまく相談ができないと思う場合は、決め方まで教えてあげましょう。

おすすめ大掃除グッズ

①メラミンスポンジ

②マイクロファイバーぞうきん

③歯ブラシ

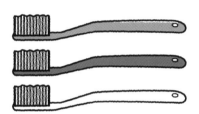

④ガムテープorコロコロカーペット

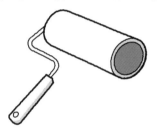

03 教師が一緒に掃除をして感謝を伝え続ける

　掃除が始まったら、教師も一緒になって掃除をしましょう。

　一緒にほこりにまみれながら掃除をする中で、子どもたちのがんばりを見つけることができます。

　その際、それぞれの掃除場所を回りながら、「ありがとう」と言い続けるようにします。

　仮に、教師が夏休みに一人で、同じ掃除場所を掃除したとしたら、一日かかります。

　それを手伝ってもらっていると思ったら、自然と感謝の言葉が出てくるものです。

　子どもたちのがんばりをしっかり労いましょう。

04 子ども自身にいずれは任せる

　2年生の7月という時期だからこそ、教師がしっかりと役割分担や掃除道具を用意するようにします。

　しかし、いずれは、子どもたちにそのようなことも任せていきたいです。

　「4カ月間、お世話になった教室をきれいにしたいと思います。皆さんが必要だと思うところを、必要だと思う道具を用意して掃除してください」

　そうやって、子どもたち自身にやることを任せることで、よりやる気を出して子どもたちはがんばります。

　目的を伝えて、やり方は任せるという方法もいずれ試してみるとよいです。

4月　5月　6月　**7月**　8月　9月　10月　11月　12月　1月　2月　3月

通知表所見

▶ **ねらい**

　子どもたちがもらったときに、2学期をがんばろうと思える所見を書く（勤務時間内に効率よく所見を書く）。

▶ **指導のポイント**

　通知表の所見の書き方は自治体や学校ごとでかなりちがいます。

　原則としては、その学校の昨年度の所見を見ることが、書き方の基本を身につけるうえで近道です。

　そのうえで、次のことを大切にしたいです。

① その子だけの具体的なエピソード
② がんばっていた事実＋価値づけ
③ 評価・評定との整合性
④ マイナス面は極力書かない

価値づけの言葉集

・〜が素晴らしいです。
・努力していることがよくわかります。
・〜が印象的です。
・〜が友だちの手本になっています。
・活躍していました。
・成長を感じます。
・上達しています。
・際立っています。
・〜が自信につながっています。
・進んで行動していました。
・積極的でした。
・〜が育っています。
・活躍しました。
・感心しました。
・〜ができました。
・頼もしさがあります。
・よく理解しています。

本時の展開

01 所見の材料の集め方

　所見の材料集めは、成績をつけるかなり前からやっておくとよいです。

　私は日々の授業中、名簿などにいつもメモをするようにしていました。

　たとえば、「跳び箱運動では、できなかった台上前転をできるようになるために、場を工夫して練習したことで、できるようになった」。

　このようなその子のがんばりをメモしておきます。

　このとき、できるのであれば、単語ではなく、しっかり文章で書いておくと所見でそのまま使えることが多いです。

　日常的に材料を集めようとすることで、具体的なエピソードで所見が書けます。

02 がんばっていた事実＋価値づけ

　所見の書き方にはおおむね3つの型があります。
① 学習面＋生活面
② 学習面＋生活面＋全般的なこと
③ 全般的なこと＋学習面＋生活面

　全般的なこととは、たとえば「〇年生での活躍を期待しています」のような決まり文句の文章を指します。

　学習面と生活面では、どちらも事実＋価値づけの言葉を書きます。

　価値づけの言葉にはさまざまなバリエーションをもたせた方が相手に伝わりやすいです。

　ただし、誇張した表現にならないように注意したいところです。

勤務時間内で所見を終わらせるテクニック

①授業中にメモ
授業の中で、よかった発言や行動をその都度メモしていく。

②音声入力
図工の掲示された作品を見ながら、音声入力でコメント。

③ICTの力を活用
クラウドに作品を提出させれば、後で所見にも生かせる。

④子どものふりかえり
子どものふりかえりを参考に、その子のがんばりを書ける。
※ふりかえりカードの
　データ　右QR

03 評価・評定との整合性

　評価・評定をつけてから所見を書くことがオーソドックスなやり方だと思います。

　ただ、子どもたちのがんばりの中には、評価には現れないものもあります。

　そのような子どもたちのがんばりを伝えられるのも所見のよさです。

　ただし、このときに気をつけなければいけないのが評価・評定との整合性です。

　成績で△がついている項目に対して、「素晴らしかったです」といった文章が出ていたら、子どもや保護者もどちらが正しいのだろうと疑問に思います。

　自分の書いた所見と評価・評定にずれがないかは必ずチェックしましょう。

04 マイナス面は極力書かない

　通知表は、子どものがんばりを励ますためのものになっています。

　もちろん、課題のあるお子さんもいますが、そのような課題については、面談などで別途伝えれば十分です。

　ですから、原則としてはその子のがんばりに注目した所見を書くことがよいでしょう。

　どうしても課題となる部分を書きたいのであれば、ただ課題を伝えるのではなく、どうしていけばよいのか、具体的な手立てを伝えたり、教師自身が何をやっていくかを書いたりしていくべきだと思います。

　2学期につながる所見を子どもたちに届けるようにしましょう。

夏休み前の
生活指導

▶ねらい

　夏休みという学校に来ない長い期間に「きまりを守って生活することができた」という自信は、成長へのさらなる意欲につながることでしょう。家庭・地域との連携を図り指導する。

▶指導のポイント

　2年生の子どもにとって、「きまりがあることの意義」を理解し、自律的な生活を送ることができるようになるのはまだ少し先の話です。指導にあたっては、子どもたちがまだまだ他律的な段階にあることを踏まえ、「先生も家の人も同じことを言っている」と思えるような環境づくりが大切です。学活の時間などに行う直接的な指導に加え、こうした間接的な指導との両面から安全で有意義な生活を送ることができるよう支援します。

　夏休みは子どもたちを家庭・地域に返す時間です。規則正しい生活を送り、自分の目標に向かって毎日の学習や自由研究を進めていくには家庭・地域との連携が欠かせません。個人懇談や学級通信を通じて「子どもの成長にとってどんなことが大切なのか」を伝え、協力を仰ぐようにします。この際、生徒指導部から発行される「夏休みのやくそく」等が指導の拠り所になりますので、内容をしっかり把握することが大切です。

　子どもたちに対する指導においては、実際の場面を想起させながら「やってはいけないこと」の理解がぶれないようにします。自転車に乗っていい範囲はどこまでか、どういう場所には行ってはいけないのか、家の近くで遊ぶときでも気をつけなければいけないことはどんなことなのかなど、これまでの学校生活の中で実際に経験したことを例に出しながら、子どもたちが自分で判断できるように指導します。

夏休み前後の指導の流れ

01 きまりを職員間で共通理解する

　「夏休みのきまり」について、解釈にずれが出ないように職員の間で共通理解します。校区の状況や自治体の動きに合わせて毎年少しずつ改訂されているので、兄弟間で異なる内容が伝わらないように気をつけます。

02 保護者にきまりを守って生活する意義を伝え、協力を仰ぐ

　学級懇談会や個人懇談会の機会を利用して、保護者一人ひとりときまりの意義や、きまりを守って生活することの価値について話し合い、協力を仰ぎます。子どもたちそれぞれの成長における課題と結びつけて、「がんばりどころ」が共通理解されるようにします。

夏休みのやくそく

令和4年 夏休み号
万年橋小学校
生徒指導部

楽しく安全な夏休みを！…7月26日（火）から8月24日（水）まで

夏休みのくらし

子どもたちが楽しみに待っている夏休みが近づいてきました。学校をはなれた30日間という家庭中心の生活は、家族の絆をよりしっかりしたものにするよい機会です。4月に配布しました「万年橋のやくそく」をもとに、夏休みの過ごし方について、次の点をお子さんとお確かめください。安全で有意義な夏休みとするために、ご家庭でのご協力をよろしくお願いします。

夏休みのめあて

1 規則正しい生活をこころがけよう。
2 自分の考えをもとう。
3 健康や安全に注意し、適度な運動をして体を鍛えよう。
4 熱中症予防・感染拡大防止を意識して行動しよう。

外出について

1 外遊びについて
・午前10時までは外出しないようにしましょう。（すずしいうちに学習しましょう。）
・おそくても午後6時までには家に入りましょう。
2 外出の時
・マスクの着用や咳エチケット、ソーシャルディスタンスなどに気を配り、こまめに手洗いをしましょう。
・行き先・時刻・いっしょに行く友だちの名前を、家の人に話しましょう。
・外出中、予定を変えてはいけません。変えるときは、かならず家の人に連絡しましょう。
・必要以外のお金は持たないようにしましょう。金銭の貸し借りはいけません。
・ゲーム機などの高価なものは持ちかないようにしましょう。
・公園や遊園地などで、お菓子や飲み物等を食べたり飲んだりしてはいけません。
・知らない人にさそわれても、ついて行ってはいけません。
・小学生らしい身だしなみをしましょう。（頭髪・服装・持ち物など）
3 3年生以上は、3人以上のグループで、下記のような公共団体が管理している施設・場所（田原番所内）

市民プール・函館アリーナ・市民会館・芸術ホール・図書館・博物館・美術館・文学館・植物園・函館奉行所・公民館・北洋資料館・北方民族資料館・校区外の児童館・青年センター・総合福祉センター・サンリフレ函館・ふるる函館・はこだてみらい館（施設来館前に保護者が付き添い、施設内は3名以上の児童で行動できる。）
※ 自動車では行けません。

・遠くへ行く場合は、保護者といっしょに行きましょう。
・子ども同士の場合は、かならず保護者の許可をえてからにしましょう。　★追記もあります

---

4 次の場所へは、保護者と一緒に行き離れずに行動しましょう。（保護者＝責任のもてる大人）
はこだてキッズプラザ・デパート・飲食店・映画館・ゲームコーナー・ボウリング場
ビデオレンタル店・中古品を販売する店・五稜郭タワー・地類
※家の近くのコンビニは、目的があり保護者の許しがある場合でも、友達同士で行くことはやめましょう。

5 次の場所へは、保護者と一緒でも行けません。
パチンコ店・ゲームセンター

遊びについて

1 危険な遊びや乱暴な遊び、他人に迷惑をかける遊びをしてはいけません。
2 道路、駐車場で遊んではいけません。
3 自転車は校区内で乗りましょう。
4 ローラーブレード、スケートボード、キックボードは、公園などの認められた場所で、他人に迷惑をかけないように乗りましょう。
5 火遊びは、ぜったいにやってはいけません。花火は、保護者と一緒にやりましょう。
6 次のような場所が危険なので、遊んではいけません。
踏切・線路・工事現場・資材置き場・廃屋跡地・空き家・駐車場・各種倉庫など
7 次のようなものは、採ってはいけません。
海中や磯の貝類・海草類・五稜郭堀の魚類・函館山の植物など

水泳や釣りなどについて

1 海水浴について、函館市内で遊泳できるのは入舟町前浜海水浴場です。（7/26〜8/21）
2 魚釣りは、大人と一緒にしましょう。子どもだけで行ってはいけません。
3 市民プールでは、監視員の指示にしたがい、きまりを守って泳ぎましょう。

その他

1 インターネットやスマホ、ケータイなどを利用するときは保護者との約束を守りましょう。
2 子どもだけでの外泊は認めません。（中学校では禁止です）
3 なるべく防犯ブザーを持ち歩きましょう。
4 不審者や、何かあった場合は、警察に通報してください。また、近くの家や店に逃げ込みましょう。（子ども110番のポスターがはってあるコンビニ店・家など）

2学期始業式は8月25日（木）です。
・事故等がありましたら、すぐに学校（42-0861）へご連絡ください。

03　地域の声を聞く

　夏休み中には交代で校区巡視を行う学校では、地域の様子を見て回り、お店の人や町内会の人と挨拶を交わすことがあると思われます。そうした機会に子どもたちの様子を聞いておくと後々の指導に役立ちます。地域のラジオ体操に参加するのもおススメです。

04　ふりかえり、自信につなげる

がんばったね!! 先生より

　夏休み明けには宿題や自由研究とともに「一行日記」や「生活表」に赤ペンを入れる場面があると思います。保護者からのメッセージや子ども自身の言葉から「がんばりどころ」がどうなっていたのか読み取り、認め励ます言葉かけをして自信につなげます。

終業式

▶ ねらい

　学期が終わる最後の日に、1学期の学習の成長や行事での努力をふりかえり、成長を実感できるようにする。

▶ 指導のポイント

　終業式の日の指導としては、終業式中の指導と、終業式後の指導があります。

　終業式中の指導としては、校長先生や生活指導の先生が話されたことを少しでも心に留めておけるように、事前と事後にアプローチをしたいです。

　終業式後の指導としては、通知表を渡すことが考えられます。子どもたちが成長と次への目標がもてるように言葉をかけたいです。

本時の展開

01 終業式の事前指導

　終業式や朝会などがある際、子どもたちに目的意識なく参加させると、校長先生や生活指導の先生が話したことは消えていくことが多いです。

　これは、自分に対して話してくれているという感覚がどうしても薄くなるからです。

　そこで、事前に次のように伝えます。

　「終業式は1学期みんなががんばったことをふりかえる大切な式です。今日の終業式が終わった後、校長先生からどんな話があったか先生がみんなに質問します。校長先生が話した中で、大切なことは何だったかよく聞いていましょう」

02 終業式の事後指導

　終業式前に終業式の意味や、後で質問をすることを伝えておくだけで、子どもたちは真剣に話を聞くようになります。

　普段の朝会でこのようなことを伝えると、高学年の中にはメモを取る子まで出てきたことがあります。

　「校長先生が夏休み大切にしてほしい3つのことはなんでしたか？」

　このような形で、子どもたちに質問をしていきます。

　しっかり覚えていた子、発言しようとした子を価値づけしていきましょう。

03 通知表の渡し方

　最終日、3学期制の学校は、通知表を渡すことにな
ります。

　通知表を渡すときに、大切なことは、通知表の意味
を説明してあげることです。

　低学年の子どもたちにとって、文章で書かれた成績
の内容はほとんどわかりません。

　だからこそ、どんなことが書いてあるのか、なぜ、
◎がここについているのか、そういったことを教えて
あげましょう。

　（筆者は）一人1分程度ずつ廊下に呼んで、話をする
ようにしています。

　また、これらの通知表は友だちに見せるものではなく、
保護者に見せるものということも伝えておく方がよいです。

04 最終日の注意点

　最終日、勉強が終わって、大掃除やお楽しみ会をや
って帰ることになると思います。

　そんな最終日に注意したい点があります。

① 忘れ物

→どれだけ荷物を前日に持ち帰らせていても、必ずあ
るのが忘れ物。防災ずきん、上履きなど必ず確認し
ましょう。低学年だと、通知表を忘れる子も結構い
るものです。

② 欠席の子への連絡

→最終日欠席した子へは必ずその日のうちに連絡をし
ましょう。体調不良などの場合、本人も不安でしょ
うから、安心するように電話をしてあげます。また、
通知表を渡す日を確定しましょう。

水泳指導

▶ ねらい

「変身遊び」に取り組みながら、水に対する恐怖心を徐々に克服するとともに、水泳指導における重要な感覚、「脱力」・「呼吸力」の基礎を習得することができる。

▶ 指導のポイント

① 楽しみながら、ウサギ、象、カニ、カバと、少しずつ顔にかかる水の量が増えるように指導を組み立てていく。

② クラゲ、割りばし、ラッコ、お花、ダルマに変身する中で脱力感覚の基礎を培う。

③「5秒浮く」→「10秒浮く」のように、明確な基準を示して指導を行う。

④ 脱力感覚の習得を邪魔するバタ足は極力させない。

⑤ 連続ダルマ浮きで呼吸力の基礎を培う。

水泳とは、次の3つが統合された動きを指します。

> 『呼吸』・『浮く』・『進む』

これらを身につけるには、必要な感覚や動きの技術を細分化し、ステップを踏んで指導していく必要があります。

では、上の3つの動きは、どのような順で指導するのが望ましいのか。粗く言って、それは ①浮く→②呼吸→③進む の順です。

特に重要なのは、前半の2つです。

水泳の苦手な子の多くは、①と②に難を抱えている場合がほとんどです。

体に力が入って浮力が得られていなかったり、息継ぎのリズムがうまく取れていないために25mが泳げなかったり。

つまり、一定の距離を泳ごうとする場合、次の2つの技能の習得が必要となるわけです。

> 体の力を抜いて浮く『脱力』

本時の展開

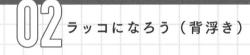

01 お花になろう（大の字浮き）

「大きく息を吸って体中の力を抜きます」
「手を広げてお花みたいにぷかぷか静かに浮かんでみましょう」
「10秒間力を抜いて浮けたら合格です」
「できた人は、お空を見て浮かべるか挑戦してみましょう」

02 ラッコになろう（背浮き）

「大きく息を吸って、体中の力を抜きます」
「お空を見て、ラッコみたいに浮かんでみましょう」
「1秒秒浮けたら1年生レベル、2秒浮けたら2年生レベル…10秒受けたらラッコのプロです」※必要に応じてヘルパーやビート板で補助するとよい。

リズムよく呼吸する『呼吸力』

そして、脱力・呼吸力の習得のうえで壁となるのが「バタ足」の存在です。

多くの子どもたちは、バシャバシャと激しく水を足で叩きながら勢いよく進む泳ぎが頭に染みついてしまっています。もちろん、競泳種目など専門的に泳いでいる熟練者はそれで構いません。初心者と熟練者では、目的がそもそもちがうのです。

初心者→泳ぐこと
熟練者→タイムを縮めること

熟練者は、呼吸力や脱力などは完璧に体得し、タイムの向上を目指しています。

一方、泳ぐことができない子たちの目下の課題は、脱力と呼吸力の習得です。この子たちに、バタ足付きで激しく水を叩かせてしまうことは、やはりマイナスが大きいのです。体全体に力が入り、浮くことや呼吸することを邪魔してしまうからです。

一定の呼吸力と脱力感覚が身についたかを測るものさしの一つが「ダルマ浮き」です。リズムよく呼吸をしながら、連続でダルマ浮きが30回できれば、25mを泳ぐのに必要な呼吸力・脱力が身についたといえます。低学年では、このダルマ浮きに至るまでに、いろんな「変身遊び」をさせながら、自然な形で基礎感覚・技能の習熟を図っていく方法がおすすめです。

はじめは、歩きながら「水慣れ」をします。
○「ウサギになってジャンプしてみよう」
　（ピョンピョンピョーンのリズムで大きくリズミカルにジャンプをさせる）
○「象になって鼻を大きく揺らしてみよう」
　（片方の手を鼻に見立てて大きく揺らす）
○「カニになってブクブク横歩き」
　（顔を半分沈め泡を吐きつつ横向きで歩く）
○「カバになって大きく口をあけよう」
　（手を前に伸ばし顔を水につけて歩く。水中で「カー」とゆっくり息を吐き、水を押さえて顔を上げるタイミングで「パッ」と息を吐く）

楽しみながら、顔にかかる水の量を少しずつ増やしていきます。「浮き方」の指導については下のイラストを参考にしてください。

03 クラゲになろう

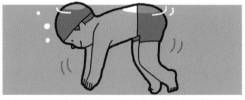

「大きく息を吸って、体中の力を抜きます」
「手足だらん。クラゲみたいに浮かびます」
「息はゆっくり吐いていいですよ」
「10秒できたらクラゲのプロです」
「できた人は、手足を伸ばして割りばしみたいに浮けるか挑戦してみましょう」

04 ダルマになろう

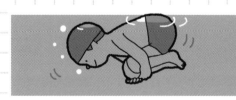

「大きく息を吸って、体中の力を抜きます」
「膝を抱えてあごをひく。ダルマになって浮かんでみましょう」
「息はゆっくり吐いていいですよ」
※10秒できた子には、息継ぎをしながら連続ダルマ浮きに挑戦させるとよい。

8月 豊かな充電期間を デザインする8月

▶ 8月の目標

　8月の目標は、「充電期間をどのようにデザインするか」です。できれば8月の充電期間に突入する前に、「一学期の子どもの成長や、指導の課題はどうだったのか」ということをじっくりとふりかえり、自らの努力の方向性を考えておきたいところです。自分のクラスの現在地を見定め、努力の方向性を確かなものにするならば、きっと充実した時間を過ごせるのではないかと思います。

8月の充電期間を充実させるために

　大きく分けて「クラスの子どもたちのための時間」と「教師としての自分のための時間」に分けることができるのではないでしょうか。前者を「研究の時間」、後者を「修養の時間」と呼んでもよさそうです。

　まず、クラスの子どもたちのために、「研究の時間」の例を挙げます。

　○ ものづくり：授業で使ったり、子どもがつくったりするものを実際に自分でもつくってみる
　○ まち歩き：生活科の「たんけん」で訪れる場所まで学校から歩いてみる
　○ ノートづくり：2学期の内容について、ノートに発問を書いたり、板書計画を立ててみる
　○ 学芸会（学習発表会）の情報集め：2学期の山場となる行事について、昨年度の提案文書を読んだり、記録動画を見ておいたりしてイメージをもつ
　○ 通知表所見の読み返し（3学期制）や作成（2学期制）

次に、教師としての職業生活を豊かにする「修養の時間」について考えてみます。

　○ 読書：ジャンルを問わず、そのときに興味があるものについて集中して読む
　○ 研究会・セミナーへの参加
　○ 趣味に没頭する：日常生活が豊かであってこそ、職業生活もハリのあるものになります

「見られる立場」であることも忘れずに

　言わずもがなのことですが、服務規程の遵守を心がけます。また、学校の外に出かける機会も増えることから「市民から見られている」という意識は忘れないでいたいものです。近年、学校や教師を見る目が厳しくなっていることを意識しておきましょう。

感覚の特性に応じたかかわり方

1　5覚＋2覚

　人の感覚はみなさんがよく知る視覚、聴覚、味覚、嗅覚、触覚の5覚と、あまり一般的ではないかもしれない前庭感覚、固有受容感覚の2覚を合わせて7つの感覚があります。人はそれぞれその7覚から入力されている情報を無意識のうちに処理しています。しかし、なかにはこの感覚の情報処理に難しさや偏りがあり、過反応や低反応の様子が見られる子がいるのです（ここでは主にASDの子どもたちに対する感覚統合理論をもとにお伝えしていることを付記しておきます）。

2　まず知ること

　7覚のうち、身体的な接触から入力されるのは主に触覚の刺激です。過反応の子は、友だちに触られたり手をつなぐのが苦手だったりしますし、なかには帽子や靴下などを身につけるのも苦手だったりします。低反応の子は触られても気づかないことがあったりします。また、感覚探求の子は必要以上に触れてきたりするようなこともあります。

　これらは日常生活の中ですぐに把握できるものもあれば、何気ない行為に隠れていたりするものもあります。ですから、授業中の子どもの動きはもちろん、休み時間のかかわりなどをていねいに観察することが必要です。

感覚は一人ひとりちがう。ちがうことを前提に全体指導を

3　わかると生かせる

　まずは、学級の中には感覚の処理が苦手な子がいるかもしれないという視点をもつことから始めてみませんか。苦手に配慮することはもちろんですが、得意な感覚、好きな感覚がわかると指導に生かすことができます。「ほめる」ときには、「よくできたね」と聴覚から伝えるのが基本ですが、花丸や、「いいね」を先に視覚的に見せてから、聴覚と組み合わせることで効果が増します。さらには、ハイタッチなど身体的な感覚入力でより伝わることがあります。入力する感覚が増えるとアイコンタクトが増すという知見からも生かしてみてはいかがでしょうか。

引用・参考文献

岩永竜一郎著（2014）「自閉症スペクトラムの子どもの感覚・運動の問題への対処法」東京書籍

岩永竜一郎著（2012）「発達デコボコな子どもたちのための感覚運動アプローチ　もっと笑顔が見たいから」花風社

鴨下賢一編著（2020）「発達が気になる子の学校生活における合理的配慮」中央法規出版

井手正和著（2022）「発達障害の人には世界がどう見えるのか」SBクリエイティブ

授業研究

$$1 \times 1 = 1$$
$$1 \times 2 = 2$$
$$1 \times 3 = 3$$
$$1 \times 4 = 4$$
$$\vdots$$
$$2 \times 1 = 2$$
$$2 \times 2 = 4$$
$$2 \times 3 = 6$$
$$\vdots$$

かけ算の覚え方は
３種類！！

▶ねらい

　２学期に「かけ算」を学習するので、３種類のかけ算九九の覚え方を知っておく。

▶指導のポイント

　かけ算九九は次の３種類で覚えます。

・かけ算九九を「読んで」覚える
・かけ算九九を「聴いて」覚える
・かけ算九九を「イメージで」覚える

３種類の覚え方を下に紹介したので、子どもの実態に合わせて、有効に指導に生かしていきましょう。

本時の展開

01 九九の「過度な暗記」は逆効果

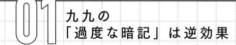

$$7 \times 5 = 32$$

　「かけ算」の学習の大半を「九九の暗記」に力を入れてしまうと、「七五　三十二」と間違えたまま覚えてしまう子が出てきます。
　読み方を間違ったままただ暗記を強いられるとこういった子がたくさん生まれます。

02 かけ算九九を「読んで」覚える

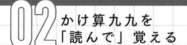

7×5は？　35

　こうならないためにも、暗記の前に、読み方の練習をたっぷりとさせた方がよいです。やり方は簡単。読み方を書いた九九表を見ながら読んでいくだけです。
　また、お友だちと九九表を見ながら確認し合うなど楽しみながら行います。

「かけ算九九計算尺セット『かけ算九九の助』」株式会社教育技術研究所より販売中　HP から購入可能

03 かけ算九九を「聴いて」覚える

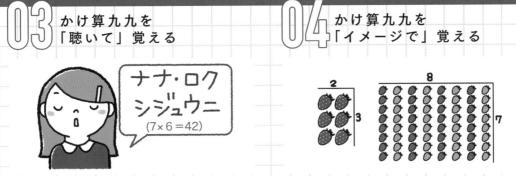

ナナ・ロク
シジュウニ
(7×6＝42)

　九九を読む際に「四・七・八」を「シ」「シチ」「ハチ」とはっきりと発音させます。または、「7」の読み方を「シチ」とせず「ナナ」と読み方を変えてしまうのも一つの手です。このように読み方をしっかり耳で覚えてからかけ算の歌など聴くと覚えが早いです。

04 かけ算九九を「イメージで」覚える

　子どもの中には 2×3 ＝ 6 と 8×7 ＝56を同じような量として捉えてしまっている子がいます。そこで、かけ算九九も量のちがいを体感させて覚えるようにします。
　株式会社教育技術研究所から発売されている、「かけ算九九の助」を使うのが有効です。

休暇

▶休暇の使い方のポイント

　長期の休暇だからこそ経験できる学びがあります。非日常の中で得た豊かな学びは、日々の教育実践を大きく進歩させる起爆剤にもなります。おすすめの休暇の活用法をまとめました。

事例紹介

01 人に会う

　最高の情報は、常に「人」が持っています。
　本でもラジオでもテレビでも、何らかの媒体を介して情報を受け取ると、必ず何らかの制限がかかります。
　質に対する制限。量に対する制限。
　鮮度に対する制限という場合もあります。
　その人のもつ熱量や雰囲気を感じ取る意味でも、直接会うことに勝るものはありません。「新しさ」という意味でも「深さ」という意味でも、最高の情報にアクセスしたいのならばやはり人に会うことをおすすめします。
　長期の休暇中は、多くのイベントが開催されるなど対面のチャンスが豊富にあります。ぜひその機会を生かしてみてください。

02 本を読む

　とはいえ、家庭の状況によっては会いに行くことがなかなかかなわない場合もあるでしょう。そうしたときには「読書」がおすすめです。
　「人に会うこと」よりはいくらか価値が落ちますが、それでもその人の考えを深く知ることができる上質な情報媒体です。
　私も、自分の子どもが出産直前の夏休みはほとんど家から出ることができませんでした。そのときは家事をする合間にたくさんの本を読み、それはそれでとても豊かな夏休みになった記憶があります。
　また、まとまった読書ができるときは、記録をつけておくのもいいでしょう。読書アプリなどを活用するのもおすすめです。

03 足で稼ぐ

「学びは足で稼げ」とよく言われました。

自分の足で現地に行き、そこで実際に目にしたものを教室に持ち帰って授業をする。

これだけで、今まで平板だった情報の伝達が立体化します。子どもたちに話して聞かせる言葉にも、熱が宿るようになります。こういう教師の話は、得てして子どもたちによく響きます。

また、現地に行くと、高確率で価値ある実物資料が手に入ります。具体的な「もの」が一つあるだけで、子どもたちは現地のことをリアルに想像することができるでしょう。

休暇中は「足で稼ぐ」チャンスも豊富にあります。ぜひ各地に足を運んでみてください。

04 場をつくる

人に会ったり、本を読んだり、現地に足を運んだりして得た学びは、何らかの場をつくってアウトプットするとよいでしょう。

獲得した知識や体験は、アウトプットを経る中で反芻され、整理され、強化されていくからです（ちなみに、入力と出力の黄金比は、3：7といわれます）。

学級通信等で紹介するのもいいでしょうし、SNSでまとめるのもいいでしょう。それを元に授業を組み立てて実施するのもおすすめです。仲間たちとオンラインでアウトプットする場をつくるのも面白いかもしれません。せっかく得た体験をぜひ出力する中で生きた学びへと昇華させていって下さい。

4月　5月　6月　7月　**8月**　9月　10月　11月　12月　1月　2月　3月

授業準備

年間計画表

4月	10月
5月	11月
6月	12月
7月	1月
8月	2月
9月	3月

ウ〜ン

●国語×生活

●国語×図工

●体育×音楽

▶ねらい

9月から12月までを乗り切れる授業準備を8月にしておくことで、9月以降余裕をもって、楽しく授業できるようにする。

▶指導のポイント

8月中にできるだけ教材研究貯金を貯めておくことが9月以降を楽にします。

ただし、すべての授業準備を終わらせようとしてはいけません。

授業は子どもたちの様子によって変わったりするものです。

ですから、ざっくりと12月までの授業の年間計画を把握しながら、最初の1カ月間の教材研究をしっかりやっておく方が、効率的に準備ができます。

本時の展開

01 年間計画で12月までを見る

まずは全体像を把握するために、12月までの主要教科の授業内容を確認します。

自分の授業が進度より遅れているのか、遅れているとしたら、どれくらいのペースで終わらせる必要があるのかを、手帳や年間計画にメモしておきます。

また、その際に単元として短縮できそうな授業はないかを探しておくとよいです。

逆に、この単元は力を入れて取り組みたいと思ったら、単元の総時数を増やすように、他教科との連携が必要です。

授業の軽重をつけて、12月までの計画をしっかり練りましょう。

02 教材研究ノート作成

これまで教材研究をやってきて、問題がなかったのであれば、そのままの教材研究のスタイルで取り組み続けてよいと思います。

しかし、教材研究の仕方がうまくいかないのであれば、やり方を変えるチャンスです。

たとえば、ノートに教科書を貼る教材研究のスタイルだった人は、デジタルデータに変えてみてもよいかもしれません。

デジタルなら、いつでも持ち歩き可能なため、隙間時間に教材研究ができて、便利です。

もちろん、ノートの人は、教科書をコピーして貼り付けるなどの教材研究ノートの準備は早めにやっておくとよいです。

03 最初の1カ月の教材研究

　教材研究をすべてしようとしても苦しいです。まず
は1カ月分を教材研究します。

　具体的に、指示や発問、板書計画なども書き出して
おきます。

　その際、数日経ってみてもわかるような書き方がよ
いでしょう。

　次に、1カ月の教材研究が終わったのだとしたら、
もう一つやっておくとよいことがあります。

　それは、研究授業や力を入れたい単元について、た
くさん情報を集めておくことです。

　授業をするのが数カ月先でも、情報を一度入れてお
くことで、情報は集まってきます。

04 カリマネ単元を探す

　01に書いてあるような年間計画を俯瞰してみる際、
教科横断的に学習できる単元はないか探す方がよいで
す。

　探しやすいのが国語です。

　たとえば、国語の書く活動と生活科の生き物の観察
の単元を組み合わせれば、よりダイナミックかつ時数
を短縮した単元がつくれます。

　図工と組み合わせれば、読み取った物語の世界を絵
に描くような単元もつくることができます。

　単元同士のつながりについても、この機会にじっく
り見返してみることをおすすめします。

始業式準備

かき氷食べた人？

ハイ！　はいっ　は〜い

▶ねらい

夏休みの思い出を、ゲームをしながら楽しく聞き、クラスの雰囲気をよくする。

▶指導のポイント

夏休み明けは、少しでも楽しい雰囲気にしたいと考えています。そこで、学活の時間に行いたいのが「夏休みの思い出を守れ」です。やり方は以下の通りです。

1　夏休みの思い出を用紙に書く
2　夏休みの思い出を聞いていく
3　残った思い出を発表する

本時の展開

01 夏休みの思い出を紙に書く

次のように子どもたちに言います。

「今から、夏休みの思い出を5つ書いてもらいます。あまり、難しく考えずに書いてみてください。昼寝していたや、親に叱られたなど、特別なことじゃなくていいですよ」

用紙はA4を8等分します。1枚の紙につき思い出1つ書きます。よって、1人5枚書くことになります。

「特別なことじゃなくていいよ」
「楽しいことじゃなくていいよ」

などと言い、全員が書けるようにします。

02 夏休みの思い出を聞いていく

「では、今から先生が20個 思い出を言います。先生が言った思い出が書いてあれば、その書いた紙は前に提出です。 さぁ〜いくつ残るかな！」

下のような思い出を20個言います。途中で、詳しく子どもたちに状況を聞きます。

① 昼寝をしたこと　② ケンカしたこと
③ けがをしたこと　④ かき氷を食べたこと
⑤ 旅行をしたこと　⑥ 花火を見たこと
⑦ スイカ割りをしたこと　⑧ ゲームをしたこと
⑨ プールに行ったこと　⑩ 勉強したこと
⑪ スイカを食べたこと　⑫ 習い事のこと

夏休みの思い出を守れ！！

　9月3日に夏休みの思い出について発表し合いました。
夏休みあけということもあり、少し楽しい雰囲気を心がけてやろうと思いました。
　次のように子どもたちに言いました。

> 今から、夏休みの思い出を5つ書いてもらいます。
> 海に行ったこと、キャンプをしたことなど何でもいいです。
> あまり、難しく考えずに書いてみてください。

　子どもたちは、自分の夏休みを振り返りながら、思い出を5つ書いていました。（1枚の紙につき思い出1つ書きました。）

> では、今から、先生が、20個　思い出を言います。先生が言った思い出が書いてあれば、その書いた紙は前に提出です。
> さぁ～いくつ残るかな！！

　右の20個の思い出を言っていきました。
　途中で、詳しく子どもたちに状況を聞いたりしました。

　　（③の　ケガをしたこと　は　犬にかまれたとのこと　大きな事
　　故にならずに良かったです。

① 昼寝をしたこと　　　　　　　　　0人

② ケンカしたこと　　　　　　　　　0人
③ ケガをしたこと　　　　　　　　　1人
④ かき氷を食べたこと　　　　　　　0人
⑤ 旅行をしたこと　　　　　　　　13人
⑥ スイカ割りをしたこと　　　　　　0人
⑦ 花火を見た、したこと　　　　　20人
⑧ ゲームをしたこと　　　　　　　　4人
⑨ プールに行ったこと　　　　　　23人
⑩ 勉強したこと　　　　　　　　　　0人
⑪ スイカを食べたこと　　　　　　　0人
⑫ 習い事のこと　　　　　　　　　　5人
⑬ レストランに行ったこと　　　　　6人
⑭ 映画を見たこと　　　　　　　　　3人
⑮ おじいちゃん、おばあちゃん、
　　親戚の家に行ったこと　　　　　　4人
⑯ キャンプをしたこと　　　　　　　1人
⑰ バーベキューをしたこと　　　　　6人
⑱ 川、海に行ったこと　　　　　　　7人
⑲ デートしたこと　　　　　　　　　0人
⑳ 先生のことを思ったこと　　　　　0人

　20個言い終わった後に、残っている思い出をそれぞれに発表してもらいました。

　「警察の仕事を見学した」「金太郎まつりにいった」
「スカイツリーを見に行った」「サーフィンをした」

など、いろいろな思い出を話してくれました。
子どもたちの楽しい夏休みの思い出が聞けて良かったです。

原実践は「第9期教育技術の法則化86　大谷道毅氏」

⓪③ 残った思い出を発表する

　20個言い終わった後に、残っている思い出をそれぞれ発表してもらいます。

　「警察の仕事を見学した」
「金太郎まつりにいった」
「スカイツリーを見に行った」
「サーフィンをした」

など、いろいろな思い出を話してくれます。

　子どもたちの夏休みの思い出が聞けると同時に、クラスの雰囲気もよくなります。

⑬ レストランに行ったこと
⑭ 映画を見たこと
⑮ おじいちゃん、おばあちゃん、親戚の家に行ったこと
⑯ キャンプをしたこと
⑰ バーベキューをしたこと
⑱ 川、海に行ったこと
⑲ デートしたこと
⑳ 先生のことを思ったこと

　「思い出」を聞くときに、楽しいこと、特別なことを聞いてしまいがちですが、日常の何気ないことこそ時間をとって聞くようにします。

読み聞かせ⑤

▶ねらい

　季節に合った絵本を教師が読み聞かせすると、子どもたちは季節感を、絵本を通じて感じることができるよさがあります。そして、生活の中でも見つけることができるようになることです。夏に読みたい絵本を紹介します。

▶指導のポイント

　暑い教室での授業では、集中力が持続しません。授業を少し早めに終わって、ほっとのんびりできる時間を絵本の読み聞かせで、作ってみてはどうでしょう。

　夏を感じる絵本はたくさんあります。夏の始まりと、清涼感を感じられる絵本を紹介します。

　読み終えた後に、「みんなにとって、夏を感じるものは?」と聞くとそれぞれの季節を感じるよい時間になります。

01 夏といえば?

かがくいひろし　作・絵
PHP研究所

『なつのおとずれ』
夏の風物詩たちがたくさん出てきて、夏に向かって飛び出していくお話です。「みんなが夏だなと思うものは?」と聞くと、子どもたちからたくさん出てきます。

02 涼しさを想像できる

ペク・ヒナ　作
長谷川義史　訳
ブロンズ新社

『お月さんのシャーベット』
暑い夜に、停電になったアパートで起きる出来事に、聞き手は少し涼しさを感じると思います。

読み聞かせ⑥

▶ お悩み

絵本の読み聞かせを始めるときに、読み方で迷われる方もいます。読み聞かせに関する本を読むと、読み手が感情を込めて読む方がよいのか、そうでない方がよいのか、など悩まれる方もいるようです。そこで、心に留めておくとよいことをお伝えします。

▶ ポイント

読み方には、さまざまな答えがあるとは思います。どれも正しいことだと思います。ですから、「あなたらしく読んでみてはどうでしょう」と伝えるようにしています。

読み聞かせの場をつくるのは、聞き手だからです。

8月

01 子どもの想像力に任せる

子どもたちは絵本を耳で聴きながらも、五感を使って体験しているといわれています。ですから、楽しい滑り台に何度も繰り返し滑るように、何度も同じ絵本を読んでほしがります。読み手の読み方が、子どもたちの想像力を限定しないように、聞く子どもたちに感じ方を委ねます。

主人公が叫ぶときには、どうしても声を大きくして読みたくなります。が、そこは、ぜひ読み手も楽しんで読んでください。

子どもたちの反応を見ながら、どのように読んだらよいのかを探り、読み聞かせを楽しんでください。

02 絵を指さして

教室で読み聞かせをするときには、絵が見にくいときがあります。そんなときは、絵を指さしてそこに注目できるようにします。そうすることで、子どもたちは絵のどこを見るとよいかがわかります。

1周目の学びのサイクルを価値づける9月

▶ 9月の目標

　年度の始めからここまでをふりかえると4－5月は「ルールの確立期」、6－8月は、夏休みも含めた「体験的な学びの充実期」です。9月は子どもたちがそのような学びのプロセスにおいて一人ひとりがどのような成長を見せたのかを言葉にすることが大切です。そして、子どもたち自身や家庭にフィードバックし、年度の後半のための新たな目標設定をしていくタイミングになります。

9月の学級経営を充実させるために

　長期の休みを過ごした子どもたちに対してまず意識することは心身の健康観察です。始業式が「子どもを学校に合わせさせる」という側面があることは否めませんが、「学校を子どもに合わせていく」という発想で、子どもたちが安心して学校生活モードに切り替えられるような余裕がほしいものです。

　このとき重要なのが、「夏休み前に、何をどこまでできていたのか、課題はなんだったのか」という1学期のゴール地点の姿です。1学期の個別のゴールが、2学期の個別のスタートラインになるという発想で、「学びのストーリー」の続きを始めます。しかし、当然ながら始業式の直後にはそのときの姿とはギャップがあります。慌てず、徐々に慣らしていきましょう。

　このように、余裕をもって子どもたちの「学びのストーリー」を1学期と繋げることができたならば、「成長の価値づけ」はそれほど難しい話ではありません。一人ひとりの子どもたちが、学校生活のきまりやルールを身につけ、さまざまなことを体験する中で「どのようなよさを見せたのか」「どのようなことに心を動かしていたのか」「どのようなことができるようになったのか」「クラスの友だちや先生方、地域の人たちとどのようにかかわってきたのか」といった視点で一人ひとりの成長を言葉にしていきましょう。それが前半のまとめとなり、後半の学びの深化へとつながっていきます。

「ケアの視点」を具体的に

　7月の概論で示した夏休み前の留意点の裏返しとなります。夏休みの間に、子どもたちは安心・安全な生活を送ることができている様子でしょうか。体重の減った子はいませんか。顔色や表情の優れない子はいませんか。特に始業式には、子どもたちの様子をよく観察しておきたいところです。

その板書見えていますか？

1　図と地

　小学館の「デジタル大辞泉」によると「図と地」とは「心理学で、ある物が他の物を背景として全体の中から浮き上がって明瞭に知覚されるとき、前者を図といい、背景に退く物を地という」と説明されています。

2　フォント

　この「図と地」を学校現場で語るとき、その関心の多くは板書になるかと思います。学校で使われている黒板や、現在はホワイトボードを使用している学校もあるのではないでしょうか。やはり、子どもたちが認識しやすい図と地の組み合わせに先生は気を配ってほしいと考えています。

　左の４つ（作成は筆者）を見ていただき、先生たちが実際にどう感じられますか？　同じ図と地でも使用するフォントによってこれだけ見え方がちがうのです。

　さらに、教室環境でいうと、窓側の席か廊下側の席か、前か後ろか、教室内の蛍光灯が点いているかいないか、１時間目か５時間目かで子どもたちの認知の仕方にはずいぶん大きなちがいが生まれそうです。まず一度、ご自身の板書を光の入る教室の椅子に座って実際に見てみましょう。

	地		図	
	黒板・ホワイトボード 模造紙・スクリーン		文字・イラスト 写真	

チェックポイント

色の組み合わせ	☑
フォント	☑
明暗	☑
見る場所	☑
時間による差異	☑

始業式

▶指導のポイント

① 新学期の黒板メッセージでクイズを出す
② 意見を自由に発表させる
③ 答えを発表し、視写に取り組ませる
④ 学級通信などで保護者に向けても補足する

▶ねらい

新学期初日に、クラスの目的地とそこに至るための道のりについて確認します。リスタートの日にゴール地点を改めて明確にするために行う活動です。

目指してきた目的地に関してのメッセージは各々ちがって構いません。要は、伝え続けてきた重要事項を初日に改めて確認することにあります。答えを発表した後、落ち着いた雰囲気の中で視写をするのもおすすめです。

右には実際の通信例を載せておきました。

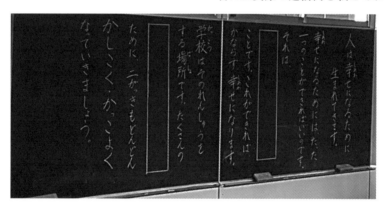

本時の展開

実際に子どもが書いた視写ノート例

「自分の心にしみこませるように、ゆっくり、じっくり書いていいからね」と伝えて静かな雰囲気の中で視写に取り組ませました。

> 「なんのために生まれて　なにをして生きるのか
> こたえられないなんて　そんなのはいやだ！」

　有名なアンパンマンの主題歌の歌詞です。

　小さいころから何度も耳にしてきたこの歌詞には、作者のやなせたかしさんの生涯がつまっていると言われています。

　「何のために生まれて、何をして生きるのか」

　文章として改めて読んでみると、小さい子たちに向けるメッセージとしては中々重たい印象を受けます。でも、こうした「目的意識」は年齢に関係なく重要であることを、教師として勤め続ける中で年々感じるようになってきました。

　どこを目指して進んでいるかが分からなければ、道に迷った時に右往左往します。一方、目的地が明確になっていれば、少々の困難にもめげることはありません。「何のために生きているのか」という根源的な問いは、まさにそのゴール地点こそが大切であることを我々に教えてくれている気がします。

　歌詞には、次の言葉もありました。

> なにがきみのしあわせ　なにをしてよろこぶ

　人は、幸せになるために生まれてくると言います。

　やなせさんだけでなく、世界中のあらゆる哲学者や偉人たちが口をそろえて言っています。「人は幸せになるために生まれてくる」と。

　でも、どうすれば幸せになるのかは意外と明確に語られることが少ないように思います。「幸せはひとそれぞれだから」といえばそれまでですが、目的地と同じくらい、どうやればそこに辿り着くかという「道のり」も大切です。

　どのように進めば、「幸せ」というゴールにたどりつくか。

　もういちど、やなせさんの言葉をかりてみます。

> 人間が一番うれしいことはなんだろう。長い間、ボクは考えてきた。そして、人間が一番うれしいのは、人間を喜ばせることだということがわかりました。

　アンパンマンの仕事は、ずーっと変わりません。

> 「おなかのすいたひと、こまったひとをたすける」

　人の最大の喜びは、貰うでも出来るでもなく"与える喜び"だといいます。

　学校で勉強する意味も、この部分に大きくかかわっていると言えるでしょう。

　沢山の言葉を覚えたら、その言葉を贈って人を喜ばせることができます。

　計算や運動ができるようになれば、その力を使って誰かの役に立てます。

　歌を歌うことも絵を描くこともそうです。自分の人生で出会うたくさんの人を喜ばせ、幸せになる為に勉強はあるのだと思います。

9
月

運動会①

壁タッチ
指示　壁を1枚タッチして、もとの隊形に集まります。

整列　　　　　壁タッチ　　　　　整列

▶ねらい

個人種目と団体種目において、子どもたちが目的意識をもって、運動会に参加できるように指導する。

▶指導のポイント

個人種目では、並び方や走り方などを体験的に教える必要があります。

団体種目は、種目選びの工夫が必要です。

子どもたちがやりがいを感じるとともに、観客にとって、勝敗がわかりやすい種目を選びます。

個人種目、団体種目ともに、勝敗も大切ですが、それ以上に目的意識を練習前にもたせて練習をスタートしたいです。

本時の展開

01 目的意識　何のために？

多くの行事に共通することですが、その行事が何のためにやっているのか、このことを子どもたちが理解しているかは大切です。

もちろん2年生ですから、明確でなくても構いません。

しかし、教師はそのことを子どもたちと考える時間をぜひひとってほしいと思います。

私はよく全校のスローガンを使います。

「全校の運動会のスローガンが、『心を1つにみんなで協力赤青黄』になりました」

「こんな運動会にするために、どんなふうにして運動会の練習をしていきますか？」

（みんなで応援したい）

（全力でがんばりたい）

02 並び方の指導

個人種目の50m走を例に拳げて考えてみたいです。

並び方は、走力を均等にして作成します。

次に、並び順が決まったら、いきなり運動場でやりません。

まずは、団体種目などの時間とセットで、体育館で並び方を確認します。

この方が、並び方の指示も入りやすく、並ぶ練習もしやすいです。

並べたら、壁にタッチして何秒で並べるかという活動を何度かやります。

楽しく挑戦する気持ちがワクワクするようにほめながら、時間を数えると並ぶスピードは激変します。

大玉転がしA

大玉転がしB　くじ引き大玉リレー

走る距離をくじで決めることで逆転現象がたくさん起きる形にしている。

何のくじを引いたかをしっかりと会場に伝える係をつくると盛り上がる。

※数字は各ボール

② 場づくり

台 □
③　②　①
○
③　②　①
○
台 ▨

白
○○○
○○○
○○○
○○○
児童
●●●
●●●
●●●
赤

03 個人種目　50m走

並ぶ練習ができたら、次は運動場で実際に走ってみます。

「位置について、よーい、ドン！」

この動きも、全体で練習して教えてあげる方がよいでしょう。

次に、まっすぐ走ることも意識させたいです。

「どこを見て走りますか？」

（あの木を見て走ります。）

自分なりにゴールの先にある目標を見て走るとよいでしょう。

最後に、ゴール付近で減速をする子が必ずいるので、走り切ることまで教えておくとよいです。

04 団体種目 大玉転がし

「定番種目大玉転がし」

団体種目では、勝敗がはっきりする方がよいです。

運動場の大きさにもよりますが、トラックを回る形にすると、応援席に近いところを子どもたちが走り抜けるため、保護者は写真を撮影することができます。

4人1組程度で、どのように転がせばうまくいくのかクラスで練習する中で、少しずつ上達も感じることができます。

また、逆転現象を生み出す仕掛けとして、折り返しリレー方式で、カードを引いて、出た番号のコーンのところで折り返す、くじ引き形式の大玉転がしも盛り上がります。

| 4月 | 5月 | 6月 | 7月 | 8月 | 9月 | 10月 | 11月 | 12月 | 1月 | 2月 | 3月 |

運動会②

▶ねらい

表現種目において、適切な指導時間の中で、子どもたちが達成感を味わえる指導をする。

▶指導のポイント

表現種目は運動会の花形の一つです。

保護者も楽しみにしていますが、その反面、指導の仕方には昔から問題がたくさんあります。

とりわけ長時間にわたる指導は今でも問題だと思っています。

短時間でなおかつ、子どもたちが達成感を味わえるためには、さまざまなところにシンプルさが必要になります。

おすすめ低学年表現
キッズソーラン

通常のソーラン節より、ゆっくりしたテンポのソーラン節。

お手本動画もいくつか出ているので参考になります。

衣装は、教材屋さんで付箋毛の安めの衣装が売っています。

もちろん、サテンの高めのものもあるため、そちらにした方が、衣装が風ではためいてカッコよくは見えます。

予算と相談して、購入することをおすすめします。

低学年ではやらないことが多いですが、衣装の後ろに好きな文字を1つ筆などで書くとよりカッコよく見えます。

ただし、指導時間とのバランスは考えた方がよいです。

本時の展開

01 短時間の指導

運動会の表現指導がどうして長時間になってしまうのでしょうか?

その一番の原因は、教師の見栄にあると思っています。

子どもたちを踊れるようにしたいと願うことは素晴らしいことですが、結果的に子どもたちを長時間何度も踊らせることになっている場合が多いです。

そうならないために、指導時間の上限を決めておくべきでしょう。どれだけ指導をしたとしても8時間以内にすべきだと考えます。

通常の授業単元で考えたら、8時間でもかなり多い方です。

02 体育館で指導を完結

指導が長引く要因の一つが、運動場での指導です。

運動場で指導を長くすればするほど、子どもたちに、教師の指示が入らなくなります。

そうではなくて、繰り返し体育館や教室で踊る方法を選択すべきです。

短い指示のもと、教師の動きを真似していき、できたことをほめるのが基本です。

今の時代なら、教師が手本で踊らなくても、たくさんの動画がYouTubeなどにも上がっています。

それがあれば、繰り返し動画をまねするだけで、細かいところ以外は、自然と子どもたちが身につけていきます。

隊形移動のイメージ

隊形①　クラスごとに横8、縦4列で並ぶ。

隊形②

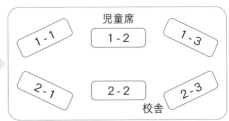

→トラックに沿って、クラスごとに2列になる。外向きに踊る。

隊形③

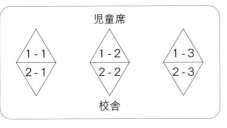

シンプルな隊形移動になります。
基本的に保護者に向けて踊る形になっていますが、上学年に見てもらうような隊形場所もあり得ると思います。

03 隊形移動のシンプル化

　もう一つ、指導時間を長時間にする要因は、隊形移動です。

　低学年のうちから複雑な隊形移動を組まないことも大切です。

　上記に書いてあるように、
① クラスごとに列になる。
② トラックに沿って並ぶ
③ 集まって三角形になる。

　このようなシンプルな動きだと、子どもたちも困ることが少ないです。

　また、隊形移動についても外で指導する前に、並び方の指導は体育館で済ませておくだけでも、指導時間でのがシンプルになり、子どもも動きやすいです。

04 全体から部分へ　認める指導

　指導の原則として、全体のイメージを先にもたせて、部分的なことは後にします。

　これを間違えると、指導時間がものすごくとられます。

　全体の動きが上手でなくてもまずはやってみることが大切です。

　そのうえで、部分的な動きを確認していきます。たとえば、

　「どっこいしょ〜、どっこいしょ〜。網を引くようにやってごらん」と真似させて、上手になったら「○組さん、すごく力強く引いているなぁ」とよかった点をクラスごとなどで、認めていきます。

新たな学びのサイクルで
深化する10月

▶10月の目標

　10月の目標は「つながりを見つけ出す」ということです。教科ごとの学び、単元ごとの学び、時間割に沿った学びを超えて、国語と算数の間、図工や生活科の間、過去の自分と現在との自分の間etc.…、そういった時間や空間が離れているところに、子どもたちの育ちの共通点や関連性を見出していきます。9月に価値づけたそれまでの学びを受けて、新たな「学びのストーリー」を紡いでいきましょう。

10月の学級経営を充実させるために

　「つながり」をキーワードに、保護者会でこんな話をするとします。
　「クラスの子どもたちには、自分にかかわる人たちが、自分たちの生活にこのようにつながっているんだ、という気づきも生まれています。だからお手伝いも積極的にするようになったのではないかと思うのですよね」
　そうすると、その前に行う授業参観では生活科の「まちたんけんでの学び」と他教科・多領域での学びがつながる場面を見ていただくことで保護者会での話に説得力が生まれます。子どもたち一人ひとりが活躍する場面を考えると、以下のようなアプローチができるのではないかと思います。
　・Aさんが生活科のワークシートに「公園がいつもきれいなのは、掃除をしてくれている人がいるからだと知ってびっくりした」と書いていたことを紹介する。
　・Bさんが国語科の「はたらくじどう車」の単元で、ゴミの収集車を調べて発表し、図工の時間に絵に描いていたことを紹介する。
　・Cさんがまち探検でお店の裏にある大きなゴミ箱の正体について、お店の人に質問したことを発表する。
　子どもたちが教科等の枠を超えてつながりを見つけ出せるように、教師側からもこれまでのいろいろな経験をつなげて、学びの場をプロデュースするという意識をもって指導にあたります。

「つながり」に気づくことができているか、よく子どもを見取る

　本稿では話をわかりやすくするために、授業参観と保護者会を例に「教師の意図的な取り組み」について述べましたが、主役は子どもたちです。子どもたちが、今まさに何によって伸びようとしているのか、どのような気づきが起こりそうか、子どもの学びの在りようをよく見取って指導にあたりたいものです。

不調の原因を探るために

1 実は天気が関係しているかもしれない

　朝、登校してきた子どもたちの中で、特に大きな理由がないにもかかわらず不調を訴える子。理由がないから不調なことになかなか気づかずにいる子。学校で大きなトラブルがあったり、家庭で嫌なことがあったりするわけではないのになんだか不調な子ども。

　もしかしたら、天気の変化が関係しているかもしれません。これは「気象痛」と呼ばれるものです。「天気（気圧、気温、湿度）の変化が耳の奥の内耳や自律神経に作用して現れるもので、誰の身にも起こるうる症状」であり、具体的な不調として「頭痛、めまい、首・肩こり、腰痛、関節痛、むくみ、耳鳴り、だるさ、気分の落ち込み」といった症状が現れ、さらには「子どもの気象病はわかりにくい」（佐藤、2022）ことが指摘されているのです。「子どもなのに」「子どものくせに」「大人みたいなことを」と口走り、やり過ごしてはいけません。

　誰の身にも起こり得るのですから、もちろん子どもたちの身にも起こり得るのです。

2 家から学校に来るまでで気圧が変化する？

　30階の高層マンションに住んでいて校舎4階の教室に登校する子どもがいます。実はその道中で気圧の変化が起こっているなんてことを想像したことはありますか？　子どもたちは何気に通学しています。マンションをエレベーターで降ります。30階ですとおおよそ100mの高さです。10m変わるたびに1hPa気圧の変化が起こりますから、100m降りると、10hPa気圧が下がります。そこから校舎の4階に上がります。校舎4階は10mちょっとの高さですから、気圧が1hPa上がります。自分の教室にたどり着くまでこれだけの気圧の変化が起きているのです。

　自分の中で気づかぬうちに体調の変化をもたらしていることになるのです。気圧の変化によって体調に変化をきたしている子が学級内にいるのかもしれません。

3 まずは気づき、自分でできる対応

　天気の変化は目に見えます。ですからまずは周りの大人が気づき伝えることです。移動に伴う気圧の変化は目に見えにくいですが、変化が起きていることを知ることはできます。不調になることがあると知ること、気づくことから始めましょう。佐藤先生が提唱する「くるくる耳マッサージ」をはじめ、耳を動かし温め、内耳の血行をよくすることは自分でできる対応の一つです。

引用・参考文献

佐藤　純（2022）「天気が悪いと調子が悪い」を自分で治す本、アスコム、p.4-5、p.41

佐藤　純（2021）ビジネスパーソンのための低気圧不調に打ち勝つ12の習慣、ディスカヴァリー・トゥエンティワン

佐藤　純（2018）まんがでわかる天気痛の治し方 、イーストプレス

吉野正敏・福岡義隆著（2002）「医学気象予報 - バイオウェザー・病気と天気の不思議な関係」角川書店

村山貢司著（2003）「病は気象から　天気予報で病気予防」実業之日本社

学級会

▶ねらい

ライフ・チャートを使って学校生活について自己評価し、自分で決めた項目に対して、がんばろうとする意欲をもたせる。

▶指導のポイント

ライフ・チャートとは学校生活を4つに分類して自己評価するワークシートです。コーチングの手法として用いられているものを教育用につくりかえました。

授業・友だち・宿題（自学）・礼儀の4つの観点を10点満点で自己評価します。

授業の項目は、「発表をがんばっているか。ノートをていねいにとっているか。友だちの意見を聞いているか」です。

友だちの項目は、「友だちと楽しくあそべているか。友だちを遊びにさそっているか。仲間はずれにしていないか」です。

宿題（自学）の項目は「毎日やっているか。ていねいにやっているか。計画・テスト・分析・練習でやっているか」です。

礼儀の項目は「あいさつを気持ちよい声でしているか。返事をはっきりとしているか。後片づけをしているか」です。

これらの4項目に点数をつけ、「今よりもよりよくしたい」項目を1つだけ自己選択させます。選択したら毎日の目標を決めます。

たとえば、授業を選択したなら「1日に1回は発表する」といった目標を立てます。目標は自己評価しやすいように、数値を入れるとよいです。

目標を立てたら2週間、その目標を達成するために取り組みます。

本時の展開

01 ライフ・チャートを継続させるポイント

ライフ・チャートを楽しく継続させるには、次の3つのことをします。

①評価する

ライフ・チャートは自己評価が基本ですが、やはり継続させるには教師からの評価も必要です。帰りの会でがんばって取り組んでいる子を話題にしたり、目標達成に悩んでいる子がいたら個別に相談にのったりします。

②変更する

ライフ・チャートでは、毎日取り組む目標を決めますが、当然目標が簡単すぎる子もいれば難しすぎる子もいます。

そういった子には、「この目標は難しすぎるからちがうのにしてみたらどうかな？」など、教師の方から声かけをして目標変更を促します。

③承認する

承認する際、行動承認と意識承認の2つの承認を意識します。行動承認とは「実際に行動していることに対する承認」です。たとえば、手を挙げて発表している・友だちに元気よく挨拶しているなどがそうです。意識承認とは「やろうと思ったことを承認する」です。「できなかったけどやろうとしたこと」を承認するのです。

ライフ・チャート

自分の「学校生活」を次の4つの分野からみて、
今、現在の満足度を0〜10点のあいだで、
示してください。

授業　（　　　）点
・発表をがんばっているか。

・ノートをていねいにとっているか。

・友だちの意見を聞いているか。

友だち　（　　　）点
・友だちと楽しくあそべているか。
・友だちを遊びにさそっているか。

・仲間はずれにしていないか。

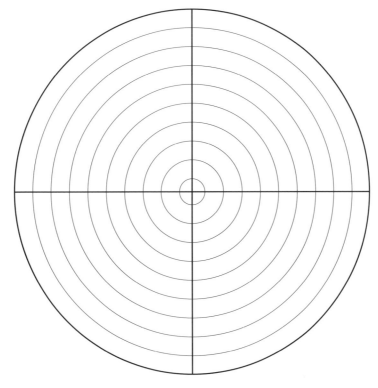

宿題・自学（　　　）点
・毎日やっているか。

・ていねいにやっているか。

・計画・テスト・分析・練習でやっているか。

礼儀　（　　　）点
・あいさつを気持ちよい声でしているか。

・返事をはっきりとしているか。

・後片づけをしているか。

4月　5月　6月　7月　8月　9月　**10月**　11月　12月　1月　2月　3月

社会見学

10月30日までに返却してください

ありがとうございます

▶ねらい

施設などでの見学や直接専門家の話を聞く活動を通して、教科の学びを深める。

▶指導のポイント

遠足と社会見学の目的のちがいを1つ挙げるとしたら、社会見学には教科学習の学びを深める目的があるという点です。

だからこそ、2年生という発達段階にあったとしても、ただの遊びになって終わるのではなく、学習終了後も見学したことが、次の教科の学びを推し進めることにつながる必要があります。

教師はそれを意識して、事前や事後の指導をしていく必要があります。

本時の展開

01 2年生の社会見学

2年生では、他学年と比べて社会見学を実施する機会は少ないです。あったとしても、学区探検のような身近なものが多いです。

今回は、その中から10月に取り上げる可能性がある、「みんなでつかうまちのしせつ」（東京書籍）をもとに、社会見学について考えていきます。

いわゆる、身近な公共施設を取り上げる単元で、6時間程度の小単元になります。

ついつい省略されたり、遠足などとセットで終えてしまったりするケースもありますが、本来、しっかりと地域の公共施設について扱いたい内容です。

02 社会見学の事前指導

公共施設といってもたくさんありますが、教科書では「図書館」を取り上げていました。

見学前に、子どもたちに聞きたいことは、

「市の図書館にあって、学校の図書室にはないものって何だと思う？」

これを予想させると面白いです。

「自動で貸し出せる機械があった気がする」

「大人と子どもの本を借りられる場所があるってお母さんが言っていたよ」

このような自分の経験から予想をしたりして、「図書館」に行って確かめてみたい気持ちがより強くなります。

Point

図書館に行く過程で、電車やバスなどの公共交通機関を利用することもあります。これらの利用の仕方を教えることも、社会見学では大切です。NGなイラストを見せながら正しい使い方を教えたいです。

03 社会見学中の指導

「図書館」での社会見学では３つの体験をさせたいです。
①本を借りる体験
②図書館で目についたものをメモする体験
③図書館の方の話を聴く体験

①の本を借りる体験は、学年の規模によっては難しいかもしれません。しかし、クラスの子の中には、図書館で本を借りたことがない子もいたりするので、体験させたいところです。

②は事後指導にもつながるので、ぜひたくさんメモさせたいです。

③は、事前に子どもたちに質問を考えさせていくとよいでしょう。

04 社会見学後の指導

社会見学後、子どもたちがメモしたものから、図書館の施設のよさに気づけるようにしたいです。

図書館にしかない設備がたくさん発表されることで、図書館の魅力を子どもたちがより実感できると思います。

またその際に、新たに出てきた疑問などは、個別で図書館の方に質問するなどして、解決できると、子どもたちの学びは深まります。

図書館のよさの中から、学校に取り入れたいことベスト１を話し合ったりすると、選択・判断を伴う学びにつながります。

授業参観

1
今から
100年以上
昔の明治時代

▶ねらい

昔の人は野菜中心の食生活で体調を整えていたことを知り、野菜を食べようとする意識を育てる。

4

▶指導のポイント

生活科の「野菜作り」の発展授業です。授業の流れとしては、「野菜が嫌いな子が多い→野菜を食べなくてもいいかな？→昔の人は逆に肉を食べると調子を崩した→野菜中心の食生活に戻すと調子を取り戻した→現在はお肉を食べ過ぎの傾向にある→野菜を食べて調子を整えよう」となります。大人も考えられる発問なので、保護者を巻き込んでするのがポイントです。

本時の展開

01 授業の流れ

「日光東照宮。今から100年以上昔の明治時代は、東京から馬を6回乗りついで2日かかりました。では、明治時代のもう一つの乗り物人力車。人力車なら何日かかるでしょうか？」
＊東京から日光東照宮までの地図や人力車の写真があるとイメージしやすくなります。（上記1参照）

「正解『2日』でした。これに驚いた、ドイツのお医者さんのベルツ博士は人力車を運転する人、車夫に次のように聞きました。『あなたはいったいどんな物を食べているんだい？』車夫は何て答えたでしょう？」
（上記3参照）

＊ここは考えやすい発問なので、全員発表をさせます。また、保護者にも発表してもらい、保護者を巻き込んでいきます。

「正解は、『玄米にみそに豆に野菜とたまに魚』です。ベルツ博士は『肉も食べずにこれだけの力を出せるのか』とひどく驚きました。そして、ベルツ博士はある実験を始めたのです。」
「ベルツ博士は何をしたと思いますか？」

＊自由に考え発表させ盛り上げます。また、ヒントとして肉・牛乳・バターのイラストを提示します。（上記4参照）

2
人力車
なら何日
かかる？

3

？

5

ドイツの医者
ベルツ博士

栄養のあるものを
食べればもっと

はずだ！！

6
１日 野菜１００ｇ不足

約 100g の不足

※野菜摂取量 (g/日)

出典：平成 25 年国民健康・栄養調査

【参考文献】日本講演新聞 第 2868 号 「食は文化その２」和食大使・医学博士 服部幸應氏

「肉や牛乳やバターなど栄養のあるものを
車夫に食べさせたのです。なぜでしょう？」
＊難しい発問なので穴埋めにして考えさせます。（上記
　５参照）

「正解は『力をだせるようになる』でした。実際、車
夫はどうなったでしょう？」
＊「逆に力を出せなくなった」と考える子どもがいれば
　詳しく理由を聞きます。保護者にもどうなったか聞
　いても面白いです。

「車夫は次のように言いました。『先生！元の食事に
もどしてください。前みたいに走れなくなりました！』」

「車夫は元の食事にもどすといつも通り走れるように
なりました。この結果をみて、ベルツ博士は『野菜中
心の食事は日本人の生活に合っている！』そう結論づ
けたのです」

「さて、現在の食生活はどうでしょうか？１日の野菜
が100g不足している人がたくさんいるのです。野菜不
足は大腸癌の原因にもなります」
＊野菜不足になっているのをデータで示すと説得力が
　増します。（上記６参照）

「現代の日本人は、野菜をもっと食べることが必要か
もしれませんね！」

保護者会

▶ねらい

映像を見せたり、子どものインタビューを紹介したりと保護者会を工夫することで、保護者の方が参加してよかったと思える保護者会にする。

▶指導のポイント

保護者会のポイントは次の3つです。

① 始めと終わりの時刻を守る
② メモしたくなるようなことを話す
③ 子どもの動きが変容する話をする

これら3つのことを下記で紹介します。

本時の展開

 始めと終わりの時刻を守る

大切なことは、「終わりの時刻を宣言する」ことです。私は必ず保護者会の内容とともに、終了時刻も黒板に明記しておきます。

保護者会15：30―16：30
1　授業の様子
2　音読について
3　子どもにアンケート
4　グループトーク

このように目安を示しておくことで保護者の方は安心して参加することできます。

02 メモしたくなるようなことを話す

まずは、子どもが学習している様子を撮影し、それを見てもらいます。漢字・音読・暗唱など国語を中心に撮影します。映像を通して学習で大切にしていることを紹介します。

私の場合は必ず音読の場面を映像で紹介し、音読の大切さを伝えます。

次に、映像で伝えた学習内容についてさらに詳しく紹介します。上記のように、学年通信として配付し、保護者会に参加していない保護者にも伝わるようにします。

次に事前に子どもからアンケートをとった内容を紹介します。

03 子どもの動きが変容する話をする

アンケート内容は、【お家の人に内緒にしていること】・【お家の人に一言】・【2年○組はこんなクラスだ】などです。アンケートは無記名で記述してもらい、集計してランキング形式にします。たとえば、【お家の人に一言】なら 第1位あ（　　　）第2位ご（　　　）第3位お（　　　）などと、キーワード化して穴埋めにして示します。保護者の方に予想してもらい、ありがとう・ごめんなさい・おこらないでと正解を示します。

また、番外編として「毎日カレーばっかり」「試験合格おめでとう」「大好きだよ!!」など少数意見を紹介すると盛り上がります。

次のような話をします。

「アメリカ大リーグで大谷選手のある行動が野球ファンたちを感動させました！　それは何か？　試合中にグランドに落ちているごみを拾っていることです。『ごみを拾うことは運を拾うこと』。高校の野球部監督の教えでした。

ごみ拾いは誰にでもできる簡単なことです！　でも、大谷選手のようにメジャーリーガーになってからも続けるのはなかなかできることではありません！　誰でもできる簡単なことを誰にもできないほど続ける!!　続けることで運をため、人生が豊かになります」

読み聞かせ⑦

> どうしたの？

▶ねらい

　子どもたちが自分の思いや今の感情を表現できる言葉をもつことは、そのときにどのように振る舞えばよいのかを考える助けになります。その助けとなるような、「感情」についての絵本を紹介します。

▶指導のポイント

　泣いているのは、悲しかったからなのか、苦しいからなのか、わかってもらえなかったからなのか、一つの行動にもいろいろな感情が原因の可能性があります。それは、本人にしかわかりません。時に、本人もわからないことがあります。

　思いを言葉にして伝え合えることは、理解し合うためにはとても大切なことです。その一歩として、感情を表す言葉を絵本で増やしていきましょう。

01　気持ちを知ろう①

ミース・ファン・ハウト　作
ほんまちひろ　訳
西村書店

『どんなきもち？』
魚たちの表情とわくわく、びくびくなどの気持ちを表す言葉とで気持ちの種類を知ることができます。「これはどんなとき？」と聞くのもよいと思います。

02　気持ちを知ろう②

アナ・レナス　作
おおともたけし　訳
永岡書店

『カラーモンスター　きもちはなにいろ？』
うれしい、かなしいなどの気持ちを色で表している絵本です。自分の過去の感情と比べて聞いてほしいです。

読み聞かせ⑧

▶ねらい

　読書に親しむ環境づくりとして、いつも本が身近にある場をつくります。

▶ポイント

　本に親しむ一歩として、本が身近にある状態を目指しましょう。学校図書館の利用をおすすめします。1年生の時に、利用の仕方は教えてもらっていると思いますが、学校図書館の利用の仕方は、2年生になっても確認しておくとよいとでしょう。そうすることで学校図書館が身近になります。

01 週に一度は学校図書館へ

　1週間に一度決まった曜日に学校図書館に本を借りに行きます。その本は学校の机の中に入れておきます。こうすることで、テストが終わったときなどに、すぐに読書に取り組めます。

　定期的に本を借りに行くことで、自分の好きな本の系統がわかってきますし、友だち同士で本をすすめ合う姿も見られるようになります。選書が苦手だった子も慣れてくるでしょう。

　司書さんがいる学校は、事前に図書室に行く時間を伝え、本を選べない子どもがいたら、相談に乗ってもらうように、お願いしておくとよいです。

02 本を飾る

　教室で読み聞かせをしたときには、子どもが手に取れる位置に絵本を置いておきます。そうすると、休み時間に手に取る子がいます。その日に読んだ本を、百円ショップの小さなイーゼルに置くと表紙が見えて手に取る子が増えます。

学級文化にひたる11月

▶11月の目標

　クラスは、子どもたちの個性が響き合って生まれた「学級文化」が根づいているころだと思われます。こうしたクラスの「文化にひたって学びを深める」ことが目標です。指導の個別化や学習の個性化というと難しい話に聞こえますが、「その子らしさが発揮され、周囲と噛み合っている」という状態を考えるとわかりやすいです。「らしさ」が発揮され、噛み合っている状態を目指します。

11月の学級経営を充実させるために

　子どもたちの「らしさ」が発揮され、噛み合っている状態をつくるためには教師が何でも先回りして準備しないことが大切です。有田和正氏は指導過剰から脱却すべきという文脈の中で、「一言少なく一手少ない指導」という表現を用いて、そのさじ加減の難しさとともに、子どもが使うべき「余白」を残すことの大切さを説いています＊1。

　クラスの係や当番活動では、「なぜその係が必要か」「どのように動けば効率化したり、もっと豊かになったりするのか」、子ども自身が考える空白を意識します。具体的には教師がわざと忘れていたり手が回らない場面をつくったりして、その余白を埋める子どもを待ちます。

　文化祭や芸術鑑賞教室では、「こうしなさい」とすべてを指示するのではなく、「どうやったらもっと伝わるのかな」と投げかけて考えさせたり、「どんなことを楽しみにしてる？」と事前に鑑賞の視点をもつことができるように働きかけたりします。

　このように日常の学校生活や、文化祭のような大きな行事においても、子どもたちの「らしさ」が発揮され、噛み合った学級文化の中でさらなる学びの深化を求めるならば「余白」が必要です。

　もちろん、この教師が残す「余白」は、指導の空白ではありません。「一言少ない」「一手少ない」指導の陰には「九言言ってある」「九手かけてある」ことを前提に、おいしいところを子どもに渡すという教師の構えがあるわけです。

たとえ落ち着きがなくとも

　6月と同様に「11月危機」などという言葉に焦る必要はありません。仮に子どもが落ち着かない状況にあるとしたら、それを「"らしさ"が発揮されているけれど、噛み合っていないだけの状況」と捉えます。そして、子どもたち同士の間や、学校が進めようとする教育活動と噛み合うようにするにはどうしたらよいかという視点でアプローチを変えてみます。

　　＊1　有田和正（1989）『有田和正著作集　第4巻　子どもの生きる教室づくり』、明治図書、pp.87-96

立つ・歩く・座るを見直してみる

1　筋力の問題ではないかもしれない

　2年生も後半になると机上での学習時間が多くなってくるのではないでしょうか。それに伴い、これまであまり目立つことがなかった姿勢保持が課題として浮かび上がってくるかもしれません。座っていても背中がぐにゃぐにゃ、机にもたれかかるようになっている子が数人いるのではないでしょうか。筋力がないから、体幹が弱いから、はたまた集中力が足りないからと原因を求めてはいないでしょうか。それらも一因としてあるかもしれません。ただ、別な視点から見てもらうことがあってもよいかもしれません。それは、感覚の問題です。先述した7つの感覚の中で、前庭感覚がかかわっているということがありそうです。

2　前庭感覚とは

　前庭感覚とは回転や揺れ、傾きを感じる感覚のことです。姿勢をまっすぐに保つために必要な感覚ということもできます。自分の体がまっすぐになっているのか、傾いているのかを感じ、調整します。この感覚が働いているおかげで私たちは姿勢を無意識に自動調整しているのです。

3　片足立ち、つぎ足歩行

　では、どうやって子どもたちの感覚の偏りを見ていくのでしょうか。たとえば、岩永（2014）によると片足立ちやつぎ足歩行（床にひかれた直線の上をつま先と踵をつけるようにして歩くこと）でASD児が困難を示すとしています。このことを用いて、学級で体育の時間に体育館の白線の上をつぎ足で歩いてみたり、片足立をゲームのように取り組んだりして子どもたちの状況を把握してみる方法はあります。

4　個人の努力に委ねない

　状況を把握したなら、まずは環境調整から始めてみてはいかがでしょうか。たとえば、椅子の座面に滑り止めシートを敷いてから座ってみる。椅子の背にクッションを挟んで姿勢を保持しやすい形にする。決して子ども本人に「まっすぐ座って！」だけ伝え、個人の努力に委ねないことが大切です。

引用・参考文献

岩永竜一郎著（2014）「自閉症スペクトラムの子どもの感覚・運動の問題への対処法」東京書籍

岩永竜一郎著（2012）「発達デコボコな子どもたちのための感覚運動アプローチ　もっと笑顔が見たいから」花風社

鴨下賢一編著（2020）「発達が気になる子の学校生活における合理的配慮」中央法規出版

芸術鑑賞

▶ねらい

　鑑賞の授業に取り組む中で、オーケストラの構成要素を学び、楽器の音色を生かした多彩な表現方法を知ることを目的とした授業です。親しみやすい動物の素材を集めました。こうした授業を一度経験しておくと、鑑賞の仕方が着実に変わっていきます。

▶指導のポイント

　最初は、オーケストラを構成する楽器のカテゴリー（弦楽器・管楽器・打楽器）を教えます。できれば実物を用意するといいでしょう。

　演奏ができる必要はないので、楽器が準備できたら実際にどんな音色が出るのかを簡単に実演してあげるとよいです。

　ギターなどは探せば割と簡単に手に入ります

し、打楽器も音楽室に複数存在しているはずです。どうしても手に入らない楽器は映像資料などで補うとよいでしょう。

　それぞれの特徴を示しながら、細い糸のような「弦」を張っているのが弦楽器、息を送りこんで吹く楽器を「管楽器」、叩いて音を出す楽器を「打楽器」と呼ぶことを教えます。

　そのうえでこれらの楽器を合わせて演奏する形を「オーケストラ」であることも教えます。ここからが本題です。

> 　オーケストラでは、たくさんの楽器を使って、いろんなものを曲に表します。今日は、動物が隠れている曲をたくさん持ってきましたよ。

　3種類の動物を見せ、曲をかけます。

　そして、どの動物が隠れているかを問います。

　その際、「なぜそう思ったか」という理由を必ず尋ねましょう。たとえば、1曲目では「ニャーオって聞こえた！」という子たちが出始めます。その子たちの意見を受けて再度曲をかけると歓声が起きるでしょう。

本時の展開

01 練習①「猫」『ワルツィング・キャット』アンダーソン作曲

「犬と猫と豚、曲に隠れている動物はどれ？」
「よく聴いて考えましょう」（曲をかける）
「どの動物だと思った？」（挙手で確認後、なぜそう思ったかを発表させていく）「もう一度聴いてみましょう」（その後答えを発表。「猫の鳴き声」を表現している）

02 練習②「亀」『動物の謝肉祭』より「亀」：サンサーンス作曲

「練習2問目。隠れている動物はどれ？」
以下、練習①と同じ展開で進めていく。
　この曲で表現されているのは「亀の動きの遅さ」。『天国と地獄』という速いテンポでおなじみの曲をあえてスローテンポにすることで亀のスローな動きを表現している。

どんなどうぶつがかくれているかな？
れんしゅう1

どんなどうぶつがかくれているかな？
れんしゅう2

同じように意見を交わしながら練習を続け、本番に取り組み、最後に次のように締めます。

動物以外にも、物や景色や気持ちなどい

ろんなことが曲で表現できます。何が隠れているのか、ぜひこれからもたくさん見つけていきましょう。

03 練習③「ライオン」『動物の謝肉』祭より「序奏とライオンの行進」

どんなどうぶつがかくれているかな？

れんしゅう3

「練習3問目。隠れている動物はどれ？」
　以下、練習①②と同じ展開で進めていく。表現されているのは「ライオンの威風堂々とした姿」。荘厳な雰囲気で始まった曲の中に華やかに鳴り響くピアノのファンファーレが「百獣の王」たる姿を表現している。

04 本番（4曲をランダムに再生し、何曲目がどの動物かを考える。）

どんなどうぶつがかくれているかな？

どうぶつのなまえ	どうして、そうおもったの？
①	
②	
③	
④	

　使う4曲は次の通り。『動物の謝肉祭』（サンサーンス作曲）より①「カンガルー」②「白鳥」③「象」、および④「馬と馬車」（アンダーソン作曲）。それぞれ、①不規則に跳ねる姿②優雅に泳ぐさま③大きな体と動き④足音やムチの音を表現している楽曲。

135

4月　5月　6月　7月　8月　9月　10月　**11月**　12月　1月　2月　3月

学習発表会

・サッカー…シュート　ミニゲーム
・なわとび…前跳び　後ろ跳び　片足跳び
　　　　　　自分が挑戦したい技
・ボール投げ…遠くにボールを投げる
・ダンス…運動会の時のダンス

▶ねらい

　今まで学習した内容を工夫することによって、子どもたちが楽しんで練習し、見栄えもよい発表会にする。

▶指導のポイント

　体育の発表をストーリー仕立てにして行います。ポイントは新しい技に改めて挑戦するのではなく、今までしたことがある技を中心に練習することです。

　たとえば次のような技です。

・跳び箱…跳び箱の上からジャンプして着地
　　　　　開脚跳び・シンクロ跳び
・マット…前回り後ろ回り
　　　　　自分が挑戦したい技

　簡単な技でも設定を工夫することによって見栄えよくすることができます。今回紹介したのは「2つの体育チームが争っていて体育対決をする」という設定です。

　お互いが技を披露しあい、すべて引き分けで最後は仲良くなるというストーリ仕立てです。

　また、見栄えよくするためにそれぞれの対決に曲をつけたり、盛り上げるためのナレーターは教師がすべて行ったりします。

　練習の時間がとれるなら、対決をする前に簡単な劇をしてもおもしろいです。「みんなー。絶対Bチームには負けないぞー」や「絶対勝つぞー」など、子どもたちにセリフを考えさせると盛り上がります。

本時の展開

01 学習発表会までの指導事項

① 全体のストーリーを確認する
　（右側ワークシート参照）

② 自分が担当したい種目を選ぶ
　（右側ワークシート参照）
　AチームBチームの2チームに分けます。チームを分けたら、チームごとにやりたい種目を選びます。2つの種目をやりたい子がいれば受け入れます。

③ 体育館で、動きの確認
　　舞台でやる種目 マット・なわとび・ダンス
　　下でやる種目 跳び箱・サッカー・ボール投げ

④ それぞれの種目を練習する
　体育館で、それぞれの種目の練習をする。上の「指導のポイント」に詳しく書いたのでご覧ください。

⑤ 体育館で、曲と動きを合わせる
・オープニング
・跳び箱の時にかける曲
・マットの時にかける曲
・サッカーの時にかける曲
・なわとびの時にかける曲
・ボール投げの時にかける曲
・ダンスの時にかける曲
・エンディング

がくしゅうはっぴょう会　　　　　2ねん　　くみ　なまえ（　　　　　　　　　　　　　）

> ナレーター（先生）
> 物語の舞台は、○○県○○市。○○小学校の学区には、2つの体育チームが存在しました。その名も、（A　　　　）
> と（B　　　　）。長年にわたり、（A　　　　）と（B　　　　）は、ケンカを繰り返していました。そして、いよ
> いよ、体育対決の時がきました。まずは、とび箱対決です。勝負は、より美しく着地した方の勝ちです。

1　とびばこたいけつ　（とびばこの上からジャンプして　ちゃくち・かいきゃくとび・シンクロとび）
　　Aチーム　（　　　　　）（　　　　　）（　　　　　）（　　　　　）（　　　　　）
　　Bチーム　（　　　　　）（　　　　　）（　　　　　）（　　　　　）（　　　　　）

> ナレーター（先生）
> どちらも、すばらしい着地でした。この勝負、引き分け！！
> 次は、マット対決です。勝負は、より美しく回った方の勝ちです。

2　マットたいけつ　（前回り　後ろ回り　じぶんが　ちょうせんしたいわざ）
　　Aチーム　（　　　　　）（　　　　　）（　　　　　）（　　　　　）（　　　　　）
　　Bチーム　（　　　　　）（　　　　　）（　　　　　）（　　　　　）（　　　　　）

> ナレーター（先生）
> どちらも、すばらしい回り方でした。この勝負、引き分け！！
> 次は、サッカー対決です。勝負は、よりシュートの威力が強かった方の勝ちです。

3　サッカーたいけつ　（シュート　ミニゲームをする）
　　Aチーム　（　　　　　）（　　　　　）（　　　　　）（　　　　　）
　　Bチーム　（　　　　　）（　　　　　）（　　　　　）（　　　　　）

> ナレーター（先生）
> どちらも、すばらしいシュートでした。この勝負、引き分け！！
> 次は、なわとび対決です。勝負は、より、速く何回も跳んだ方の勝ちです。

4　なわとびたいけつ　（前とび　うしろとび　かたあしとび　じぶんが　ちょうせんしたいわざ）
　　Aチーム　（　　　　　）（　　　　　）（　　　　　）（　　　　　）
　　Bチーム　（　　　　　）（　　　　　）（　　　　　）（　　　　　）

> ナレーター（先生）
> どちらも、たくさん跳ぶことができました。この勝負、引き分け！！
> 次は、ボール対決です。勝負は、より遠くに跳ばした方の勝ちです。

5　ボールたいけつ　（とおくにドッジボールをなげる　ドッジボールたいけつ）
　　Aチーム　（　　　　　）（　　　　　）（　　　　　）（　　　　　）（　　　　　）
　　Bチーム　（　　　　　）（　　　　　）（　　　　　）（　　　　　）（　　　　　）

> ナレーター（先生）
> どちらも、遠くまで飛ばすことができました。この勝負、引き分け！！
> いよいよ最終対決です。勝負は、よりダイナミックにダンスができた方の勝ちです。

6　ダンスたいけつ　（うんどう会のダンス）
　　Aチーム　（　　　　　）（　　　　　）（　　　　　）（　　　　　）（　　　　　）
　　Bチーム　（　　　　　）（　　　　　）（　　　　　）（　　　　　）（　　　　　）

> ナレーター（先生）
> どちらも、ダイナミックに踊ることができました。この勝負、引き分け！！

かけ算①

▶ねらい

「宝をまもれゲーム」をやることによって、九九を楽しみながら覚える。

▶指導のポイント

楽しみながら九九を覚えるために、次の3つのポイントを意識してください。

① 覚える時間をとる

② テンポよくやる

③ やりすぎない

九九の答えをマスに書く際に、短時間でよいので九九を覚える時間をとります。

「5かける3は15」や「五三、十五」と声に出して覚えるようにします。

「覚える」を意識しないとただの楽しいゲームになってしまいます。

ゲームはテンポよくします。ただ、かけ算を覚えてきれていない子は、×をつけるのに時間がかかってしまいます。そんな子にはゲームが始まったら「答えを見てOK」とします。時間をかけすぎるとこのゲーム自体を続けることが難しくなります。

ゲーム終了後「もう1回やりたーい」という子が何人も出てきます。それくらい盛り上がるゲームですがやりすぎは禁物です。

1日に何回もやるよりも日をあけて何回もやったほうが記憶の定着はよいです。算数の最初の時間や朝の学習の時間などやる時間を決めて取り組むのもオススメです。

①〜③　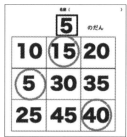　　④〜⑤　

本時の展開

01 「宝をまもれゲーム」のやり方

① プリントを配り、かけ算の段を一つ決める。
例　5の段

② 5の段の九九の答えをマスの中に書く。
順番に書いてもあちこち散らしながら書いてもOK。

③ 3つのマスに「宝」を隠す。
宝の絵を3つのマスに書き込む。「○」をつけるだけでOK。

④ 教師が名探偵か大泥棒になって宝を見つけに行く。
教師が「5×3」と言ったら「15」と書いてあるマスに×をつける。×をつけた所に宝の絵（もしくは○）があったら宝は見つかったことになる。

⑤ 教師は5の段の九九を合計6つ言うことができる。
宝が1つでも残れば勝ち！

宝をまもれゲーム
〜君は宝をいくつ守れるか？〜

名前（　　　　　　　　　　）

　のだん

学級イベント

▶ねらい

学年でお楽しみ会をすることで学年全体の絆を深める。

▶指導のポイント

今回オススメするのが「仮装ドッジボール」です。仮装をして体育館でドッジボールをするだけです。

ポイントとしては「学級」ではなく「学年」で実施するということ。11月は「魔の11月」と呼ばれるくらい、クラスに落ち着きがなくトラブルが増えやすい時期です。そんな時期だからこそ、学年でわくわくできるイベントをするのがよいです。

仮装ドッジボールをするうえで、意識していることは次の3点です。

1　全員が仮装する
2　仮装をばかにしたり笑ったりしない
3　高価な仮装はしない

子どもの中には「仮装をやりたくない」と思う子もいます。そういう子が安心できるように、右のように事前に通信で伝えます。

また、逆に仮装するのをとても楽しみにする子もいます。そんな子たちが楽しく仮装できるように、「人の仮装をばかにしたりしない」と事前に伝えておくのも大切です。

そして、仮装ドッジボールのために新しく衣装を買う必要がないことも事前に伝えておきます。

上記の3点は必ず指導したうえで楽しいお楽しみ会を実施してほしいと思います。

本時の展開

01　仮装してドッジボールをする

教室で仮装をして体育館に向かいます。体育館ではふつうにドッジボールをするだけです。

ドッジボールをやる人数が多すぎるとけがのもとなので、ある程度対戦人数を調整します（たとえば、1組男子VS2組男子　その他はステージの上で応援など）。

段ボールなどでつくった手作りの衣装は壊れやすいのでガムテームなど持っていき、簡易補強をします。

後半に仮装大賞を決定する時間を10分ほどとるので、ドッジボールの時間を30分ほどにします。

02　仮装大賞を決定する

ドッジボールが終わったら、全員を集めて次のように言います。「今から、今日の仮装大賞を発表します!! まずは、手作り仮装賞の発表です。手作り仮装賞は〇〇さんです！前に出てきてください。」

なるべくたくさんの子に賞をあげたいので、〇〇賞をたくさんつくっておきます。たとえば、目立っていたで賞・ちょっとこわいで賞・動きやすいで賞などです。

事前に先生方に相談しておき、〇〇先生賞としても面白いです。

また、仮装大賞を決定することは子どもには事前に伝えません。賞がとりたくて仮装が過激になるのを避けるためです。

令和3年11月5日

11月12日（金）学年お楽しみ会

　11月12日（金）の1時間目の学活の時間にみんなでお楽しみ会をします。今回は先生たちが企画して、**仮装ドッジボール大会**行うことにしました。普通のドッジボールを仮装してやるだけです！！簡単ですね！！

　学年みんなで楽しんでもらいたいので、いくつかお願いがあります。以下のことをよく読んで当日みんなで楽しみましょう♪

〜お願いごと〜

1　ちょっとだけの仮装で良いので全員が仮装をしてください。

　仮装は、ハロウィンの時に使った仮装でも良いですし、段ボールやビニル袋で作った仮装でもいいですし、帽子や手袋に少し飾り付けるだけでもOKです。

　仮装するのが苦手な子もいると思います。苦手な子は「やりたくない！」と拒否するのではなく、色ぼうしに（色紙などで）飾りをつけるだけでも良いので何かしらの仮装はしてください。ちょっとだけの仮装で大丈夫です♪

2　お友だちの仮装を馬鹿にしたり笑ったりしないでください。

　みんなで楽しむのだから、他人の仮装について馬鹿にしたり笑ったりするのは止めましょう。一人でもそんな子がいると、一気に場がしらけてしまい、楽しくなくなってしまいます。また、仮装を楽しみにしている子のやる気もうばってしまいます。

3　高価な仮装や、破れて（こわれて）困る仮装は止めましょう。

　お楽しみ会のために、新しく仮装を買う必要はありません。自分がもっている仮装の中で、高価でないもの、破れて（こわれて）も大丈夫なものを持ってきてください。もし、そういう仮装がないなら段ボールやビニル袋で作りましょう。段ボールは学校にあるので、必要な子は担任の先生に言ってください。用意します。

　また、お家にある仮装をもっていく際は、必ずお家の人の許可を得てからもってくるようにしましょう。

「その子らしい成長」を価値づける12月

▶12月の目標

　12月の目標は、「質のちがう成長点を見つける」ことです。この時期に注目すべきは「みんなとのちがいや、教師の意図を超えたところでどのように育っているか」ということです。つまり、子どもたち一人ひとりの"らしさ"に対する肯定的な評価をどのように進めるかということが12月の学級経営にとってとても大切だといえるでしょう。

12月の学級経営を充実させるために

　1年で最も長く、行事もたくさんある2学期。忙しさに紛れてしまう日常だからこそ、節目の時期には子どもたちの育ちを言葉にして記録しておきたいものです。このときに意識したいのが、それまでに紡いできた学びのストーリーと関連しつつも「これまでとのちがい」を見つけることです。子どもたちにとって一つひとつの教科や行事が同じ（＝共通体験）でも、それらをどのように「学びのストーリー」としてつなげるのかは子どもたちの個性を反映します。このような「結びつけ方に表れる個性」が「質のちがう成長点」であるととらえられます。

　たとえば、音楽と生活科と文化祭を結びつけた子どもは、「幼稚園のお友だちに、鍵盤ハーモニカを聞かせてあげたい」と発想するかもしれません。国語と図工と芸術鑑賞教室をつなげた子どもは、劇の一場面を絵に描いて、友だちと演じるための台本を書くかもしれません。

　こうした教科や行事の枠組みを超えて発揮される「よさ」を子どもにも保護者にもフィードバックすることで、さらなる成長への意欲や次学年への期待へとつながっていきます。

　また、こうした視座に立てば、学級が落ち着いているかどうかにかかわらず子どもの成長を見とることができます。学級が落ち着いていることは目標ではありますが、「目的」ではありません。ここまで働きかけてきたことは無駄ではないのです。「学びのつなげ方」に子どもの個性と育ちを見取り、年度末へ方向づけていきましょう。

「師走」を乗り切るために

　通知表作成の時期です。ただでさえ多忙なうえに、給食回数の関係で午前授業の日があることで、確保できる授業時数が少なくなります。冬休みの事前指導やお楽しみ会の企画、大掃除や終業式などやることもめじろ押しです。このような「時数的には大きくはないが軽視できない」取り組みを見通しておくと、あっという間に終わる12月。平常よりも計画性が求められます。早め早めの取り組みを。

遊びに入れない子をどう見るのか？

1　みんなの遊びに入れない子

　2年生、休み時間になると多くの子たちは元気よく校庭や体育館へ飛び出し、みんなで元気よく遊びます。ドッジボールをしたり、鬼ごっこをしたり、遊具で遊んだりと実に元気よくみんなで遊びますよね？　そんな元気のいい子たちと少し距離を置いたところに一人冷静に見ている子はいませんか。鬼ごっこをしている子たちから一歩下がり、じっと観察している子はいませんか。

2　先生はどう見て、どうサポートしますか？

　一歩引いた子、あえて仲間に入らない子、少し距離を置いたところに一人冷静に見ている子をどのように指導していますか。きっと、まじめな先生であれば、どうにかしてその子を元気よく遊んでいる集団の中に入れてあげたい、みんなと仲良く遊ばせてあげたいとあの手この手を使ってなんとか集団の中に入れてあげようとしていませんか。時には先生も子どもたちと一緒にドッジボールに興じ、みんなで遊ぶ楽しさ伝え、「一緒にやろう」と声をかけていたりします。

3　別な視点があるかもしれない。

　「みんなの遊びになかなか入れない子」は、もしかしたら「みんなの遊びを見て、遊び方を学んでいる子」なのかもしれません。もしかしたら「みんなの遊ぶ様子を見て、自分も楽しんでいる子」なのかもしれません。実際に幼保年代ではこのようなことが起こるとされています。ただ、中には幼保年代で経験する機会がなく、それが2年生になって表れたのかもしれません。いろいろなタイプの子がいる中では、このような状態を示す子がいるのかもしれないと頭の片隅に入れながら、指導・支援していくことはこれからますます求められていきます。

参考文献

田中浩司（2022）『ちいさいなかま』2022年5月号、p.86-91「対立関係から生じるスリルをどのように楽しむのか」

宿題指導②

▶ねらい

提出された自主学習（以下、自学）を紹介したり自学ノートにコメントしたりすることにより「自主的な学習」を継続してやる子を育てる。

▶指導のポイント

自学を続けるコツとしては子どもの自学を毎日紹介することが大切です。紹介の仕方は次の3つです。

① 名前を呼んで紹介
② よい自学はタブレット等で紹介
③ 自学を始めた子を紹介

①について

自学を提出した子の名前を呼ぶだけです。

帰りの会等で「Aさん、Bさん…Zさん！！」と名前を呼んで、「よくがんばったね」と価値づけます。

② よい自学はタブレット等で紹介

「今日はAさんの自学を紹介します」など、クラスの子の参考になる自学をタブレット等でテレビに映して紹介します。

③ 自学を始めた子を紹介

「Cくんは今日から自学を始めました」と自学を自主的に始めた子を帰りの会等で取り上げて価値づけます。

上記のことをしたうえで、右のように学年通信を出して、作業から勉強への自学を目指していきます。

特に子どもたちに伝えたいのは、「すでにできていることをずっと続けてやらない」ということです。指導を入れないと、ずっと同じ自学をやり続ける子が出てくるので、注意が必要です。

本時の展開

01 作業から勉強への自学を目指す

まず、作業になっている自学と勉強になっている自学とは、どんな自学なのかを明確に示します。右のように学年通信で2年生全員に伝えます。

そして、一人ひとり「この自学は作業になっているか、勉強になっているか」をノートにコメントしていきます。

たとえば、作業になっている自学なら次のようにコメントします。

「Aさんのレベルなら、ただかけ算の練習をするだけよりも、時間を計って早くかけ算を解けるようにした方がいいよ」

相手を批判するコメントではなく、どんな自学が勉強の自学かを示すのが大切です。

勉強になっている自学は通信で紹介し、家でも参考にできるようにします。

自学を「作業」から「勉強」へ！

　９月７日から自学をはじめて３ヶ月が過ぎました。「よしやってみよう！」と思って自学を始めた子がこの３ヶ月でたくさんいますね。自分から学びを深めようとする姿勢こそとても価値のあることだと先生達は思います。

　さて、今回は自学を継続している子へのお話です。自学をやり始めたばかりの子は、まずは継続してやってみてください。「２１日間続けたことは習慣になる」とも言います。頑張ってください。

　子供たちの自学を見ていると、自学の種類が大きく２つに分かれています。

・「作業」になってしまっている自学

・「勉強」になっている自学

例えば次のような自学が「作業」の自学です。

「作業」になってしまっている自学

- ・計画（○け）や分析（○ぶ）や練習（○れ）をやっていない自学
- ・すでに分かっていること、出来ていることをずっとやっている自学
- ・簡単な計算や漢字、お絵かきなど「自分が楽なこと」だけをずっとやっている自学

９月２５日の通信で配布した「自学ノートの５ヶ条」をもう一度よく読んでみましょう。
では、「勉強」になっている自学とはどんな自学でしょうか？「作業」になってしまっている自学の逆のことをすれば、必然的に「勉強」になっている自学になりますね。

「勉強」になっている自学

- ・計画（○け）や分析（○ぶ）や練習（○れ）をよく考えながらやっている自学
- ・学校で習った勉強で、分からなかったところや自信がなかったところをやっている自学
- ・これから習う漢字や計算などを先取りしてやっている自学（漢字や計算が得意な子限定）
- ・国語の漢字や算数の計算など自分で問題を作って解いている自学
- ・できるようになったと思ったら、時間を計って短い時間でできるようにしている自学
- ・自分が疑問に思ったことや興味があることをていねいに調べている自学
- ・少し難しい問題にも挑戦している自学　　　　　　　　　　　　　　　　　　　　など

次号で、「勉強」になっている自学ノートをいくつか紹介します。お楽しみに♪

4月　5月　6月　7月　8月　9月　10月　11月　**12月**　1月　2月　3月

大掃除

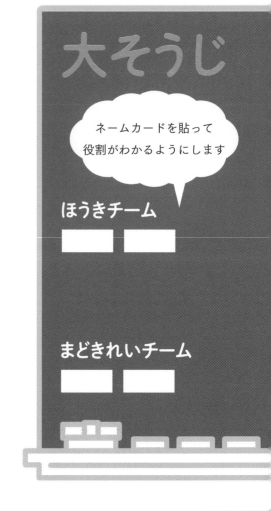

▶ねらい

年末に自分たちの使っている教室をきれいして、気持ちよく新年を迎えられるために、協力し合って掃除に取り組む。

▶指導のポイント

○1年生の経験を生かして、どのように役割分担をしたらいいのか考えて、子どもたちに提案しましょう。提案後には、ほかに必要な役割がないかを確認しましょう。

○各自の仕事をやり遂げることと、友だち同士で助け合う姿を認めましょう。

○子どもたちに知恵袋のような掃除のテクニックを伝えると一気にやる気を増します。

本時の展開

01 大掃除が生むよさを考える

短時間でいいので、大掃除のよさを考えたいです。「大掃除をすると、どんないいことがあると思いますか？」と聞きます。子どもたちは、終わった後にある、大掃除のよさを見つけるでしょう。そして、出てきた意見に向けて、取り組もうとする気持ちが生まれます。

最後まで自分の役割をやり遂げることと、友だちと協力し合うことの大切さも伝え、大掃除に取り組みます。

そして、それらの目標を達成できている場面を見かけたら、思いっきりほめてください。

02 役割分担を示そう

生活班ごとに役割を与えたり、自分のやりたい仕事を選んだりして、役割の割り当てをします。

・ほうき　・床雑巾　・机運び　・棚整頓
・窓掃除　・荷物運び　など

細かく掃除の流れを考えて、役割分担をしましょう。そして、他に必要な役割がないかを子どもたちに確認しましょう。子どもならではの視点で、あったらよい役割をあげてくれます。なければ、先生から提案したもので、振り分けましょう。

どんないいことがありそう?

◎ きれいになる
◎ 新しい年なのに、教室がきたないのは良くない
◎ みんなで力を合わせられる

ゆかぞうきんチーム

☐　☐

つくえはこびチーム

☐　☐

☐

たなきれいチーム

☐　☐

☐

にもつはこびチーム

☐　☐

自分のやくわりが終わったとき
どうしたら、早くきれいなそうじができるかな?

⦿③ あったら便利な道具①

細かいところを掃除しやすい道具です。
① 割り箸に布切れや、キッチンペーパーを巻き付けます。
② 輪ゴムを巻いて全体を止めます。

⦿④ あったら便利な道具②

　メラミンスポンジを子ども用に小さめにカットして準備しておきます。片手にぬらしたスポンジ、片手に乾いた雑巾を持ちます。スポンジで汚れをとった後に、雑巾で拭き取ります。床や机、棚などをきれいにできます。

　マイクロファイバークロスは、黒板の仕上げに使うと、とてもきれいになります。役割を書いていた黒板を消し、最後にクロスで仕上げます。子どもたちが掃除を終え、席に着いたときに、目の前にきれいな黒板が見えると、大掃除をやり切った!という気分にさせてくれます。

4月　5月　6月　7月　8月　9月　10月　11月　**12月**　1月　2月　3月

終業式

▶ねらい

終業式の参加する態度を考え、行動に移すことができるようにする。

▶指導のポイント

○終業式の前にはあまり時間がとれないことが多いので、教師が式の目的を伝え、子どもたちからどのように参加したらよいかの意見を出してもらいます。

○終業式のあとに、子どもたちが出した意見をもとにふりかえりをします。

12月○日
終ぎょうしきの さんかの仕方

本時の展開

01 終業式は節目の式

終業式は、学校の節目の式です。目的は、自分の成長をふりかえり、冬休みにどうやって過ごそうか、冬休みが明けてからどうしようかと思いをめぐらせるためです。そんな式に、どう参加したらよいかを考えます。

02 どう参加したらよいかな？

「終業式の参加の仕方を考えます。どう参加したら、よいですか？」と子どもたちに聞きます。「○○しよう」で考えると、それが行動のお手本になるので、肯定的な文にするように伝えます。子どもたちから出た意見を黒板にまとめます。それを黒板に残しておきます。

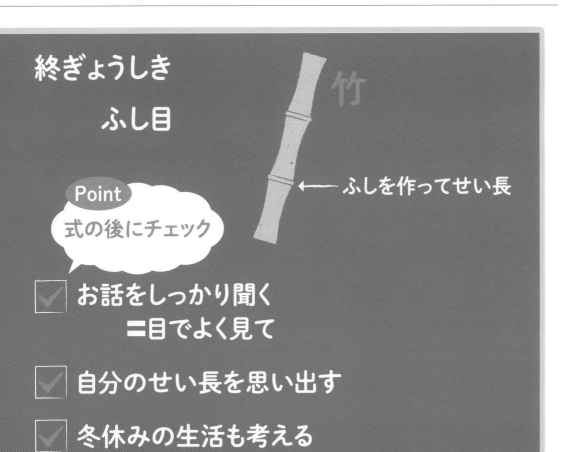

終ぎょうしき
ふし目

竹

Point
式の後にチェック

← ふしを作ってせい長

☑ お話をしっかり聞く
＝目でよく見て

☑ 自分のせい長を思い出す

☑ 冬休みの生活も考える

03 終業式後のふりかえり

はぁ〜

黒板を見ながら、「終業式の参加の仕方」をふりかえります。

意識して参加した子をほめ、今回は意識できなかった子にはこれからの節目の式で生かすように励まします。

04 校長先生のお話クイズ

校長先生がみなさんに
頑張ってほしいことは？
A.お手伝い
B.運動
C.夜ふかし

校長先生のお話を3択クイズにします。校長先生が伝えたかったことを楽しく深められます、また、話をしっかり聞く、習慣づくりの第一歩になります。3択の一つは、面白選択肢にすると、笑顔が生まれます。

読み聞かせ⑨

▶ねらい

年末年始には、日本の文化的な行事に触れる機会があります。そんな年中行事を絵本の読み聞かせを通じて伝えます。

▶指導のポイント

生活様式が変化しているので、年末年始の年中行事を体験することがない子どももいます。生活様式の多様性を認めながら、伝統として大事にしていたことを伝えましょう。

01 干支って何だろう

やまちかずひろ　作
荒井良二　絵
小学館

『十二支のはじまり』
　十二支の順番についてのお話はほかにもいろいろな絵本があります。お好きなものを選んでみてください。

02 各国のお正月の過ごし方

安野光雅　作
童話屋

『まるいちきゅうのまるいちにち』
　世界８カ国の８人の絵本作家が描いた、12月31日、１月１日の様子です。時差があること、いろいろなくらしがあることがわかります。

読み聞かせ⑩

▸ねらい

読み聞かせのときに、「よく聞いてください」と言わなくても、子どもが聞きたくなる活動です。

▸ポイント

読み聞かせを終えた後、少しの時間を使って聴くことを大切にする活動をしましょう。楽しくできる「読み間違えた読み聞かせ」です。最初の出だしや、山場の場面を選び、記憶することが苦手な子でも参加できるように工夫しましょう。

01 読み間違えた読み聞かせ

① 絵本を1冊読み聞かせします。
② 読み終わったら、あらすじがつかみやすいように子どもたちとやりとりをしながら、確認します。
③ もう一度同じお話をいくつか言葉を間違えて読むことを伝えます。
④ 読み間違いに気づいたら「ダウト！」と声をかけるように伝えます。
⑤ 登場人物の名前や場面設定や、飾る言葉などを変えて読みます。

〈参考文献〉
M.M.サルト著　宇野和美訳（2001）『読書へのアニマシオン75の作戦』柏書房

02 昔話がおすすめ

2年生は、国語の時間に昔話の教材があります。昔話は「むかしむかし」から始まるという定型があり、展開も登場人物もわかりやすいので、この活動にぴったりです。

次学年への意識づけを図る1月

▶ 1月の目標

　1月の目標は「次学年への意識づけを図る」ことです。3月になってから急に「1年間をふりか
えって、次学年へのめあてを考えよ」と言われても子どもたちは困ります。急に抽象的な思考を求
められると固まってしまう子どももいるでしょう。そこで、3月にそのようなまとめをすることを
視野に入れて、3学期の開始とともに少しずつ「ふりかえりと展望」へと意識づけを図ります。

1月の学級経営を充実させるために

　始業式の日の具体的な指導の在り方は実践編に譲りますが、これまでの育ちを踏まえて、「どん
な3年生になりたいか・なりそうか」という話をいろんな場面でしていくことが大切です。このと
き、自分たちのこれまでの育ちをふりかえる内に向けた視点とともに、現在の先輩の姿を見て、ど
のように感じるかという外に向けた視点も重視したいです。

　たとえば、学級会では一つ上の学年の3年生がどのように進めているのか、高学年のお兄さん・
お姉さんが児童会活動の中でどのように活動しているのかという視点で校内を見回します。このた
めに児童会の各委員会活動を見学したり、3年生との合同学級会を企画したりすることも効果的で
しょう。「学校のヒーロー発見隊！」のような生活科の単元を構想してもいいかもしれませんね。

　要するに「憧れをもつ」ということです。

　「なりたい姿」、モデル、憧れの先輩像…。このイメージを明確にしたうえで、自分の育ちに対す
る自信へとつなげていくことが「次学年の意識づけ」となっていきます。これまでの学習をふりか
えり、自分の成長に着目して「先輩ってすごいけど、自分だって大したもんだ。進級したら自分も
あれをやるんだ」という気持ちをもてたら、3月の「まとめとふりかえり」や「3年生のめあて」
を書くことは難しくありません。

「ソフトランディング」で3学期を終えるために

　3学期はまとめの時期といわれます。4月に描いた学級経営の理想像の通りになった部分もあり
ますし、そうではない部分もあるでしょう。後者が気になるからといって急に高い目標を掲げたり、
圧をかけたりするのは厳禁です。「ここから大きくは変わらない」というゆったりした気持ちでい
た方が、かえって子どものよさが向こうから目に飛び込んでくるものです。

子どもたちと関係性をつくる土台

1 共同注意

　図1に示したのは、「三項関係」です。子どもが他者と「共感」をする基礎となるものです。「共同注意」について説明します。これは他者に対して一緒に見てほしい事物を指さししたり視線を送ったりして、関心や注意を他者と共有しようとする行動のことです。それまでは自分一人で完結していたものが、相手と二項関係となり、その相手にも見てほしかったり、注意や関心を引こうとしたりする行動になります。他者とのコミュニケーションの第一歩になります。自分が興味を向けたものを他者へも伝え、他者と共有できたことに喜びを感じる、これが共感になります。同じ事物を見るだけではありません。

2 成立していないことがある

　学級の子どもたちの中で、この共同注意がうまく成立していないと感じることはありませんか？

　共同注意は生後8か月頃から18か月頃までにおおむね出現すると言われています。18か月を大幅に過ぎても共同注意行動がなかなか見られない場合は、自閉スペクトラム症に見られるコミュニケーションの障害の可能性があることが指摘されています。この場合は、早期の療育プログラムなどを受ける機会があります。

　小2の学級の中でなんとなく成立していないお子さんはいませんでしょうか？　先生と対象について注意を向けることが難しいと感じることはないでしょうか。その場合は、学校生活の中で二項関係の成立からもう一度観察していくことと、家庭での生活にも目を向ける必要があります。

3 スマホ環境

　子どもが保護者に「見てみて！　ママ‼」と対象物を指さしして、自分の興味関心のあるものを共有しようとします。それを受けた保護者の中には「うんうん、わかったよ」と言葉では受けとりつつ、自分のスマホの画面を見ていたりする人はいませんでしょうか。それを見た子どもは、お母さんと「共感」できていないと思い、皆さんのご想像どおり共同注意をしようとしなくなるでしょう。この積み重ねが、親子の問題にとどまらず、学校生活にも影響を及ぼしていくことになるのです。先生はこの家庭での様子を踏まえたうえで、子どもたちとの関係性をつくっていくことが求められるのです。

参考文献　小野寺基史（2021）『デキる「指導者・支援者」になるための極める！アセスメント講座』
　　　　　明治図書出版

始業式

▶ねらい

　長期休業明けの学校生活への希望や意欲につながる時間となるように指導する。また、次の学年に向けての意識をもてるようにする。

▶指導のポイント

　1月の始業式は、9月の始業式同様に、久しぶりに始まる学校生活への動機づけができるようにします。

　また、三学期はその学年のまとめの時期だからこそ、次の学年に向けての意識が持てるような話をきっと校長先生もしてくださいます。

　それを踏まえて、学級の事後指導でも関連したことを伝えたいです。

○○さんはよく
話が聴けているなぁ

本時の展開

01 始業式の事前指導

　学習指導要領解説 特別活動編には儀式的行事のねらいとして次のことが書かれています。「学校生活に有意義な変化や折り目を付け、厳粛で清新な気分を味わい、新しい生活の展開への動機付けとなるようにすること。」

　このことを2年生なりに意識できるように、対面であっても、オンラインであっても事前の指導が必要です。

　「これから3学期最初の式、始業式が始まります。校長先生から、3学期に大切にしてほしいことがきっとお話がありますから、どんな話があったかしっかり覚えておきましょう。後で、先生にどんなお話があったか教えてくださいね」

02 始業式中のポイント

　始業式などの式の最中、教師はどこに立つべきなのでしょうか？

　私は子どもたちの表情を見ることができる場所に立つようにしています。

　これは2つの目的があります。

　1つ目は、子どもたちのがんばりを見つけるためです。誰がどのような表情、姿勢で、始業式での話を聞いていたのか、後で価値づけることができます。

　2つ目は、子どもたちの健康状態を把握するためです。始業式などでは、途中体調を崩す子もいるため、それに気づけるようにしています。

3年生みたいに丁寧に掃除ができるね。

さすが3年生になる人は勉強の集中力がすごいなぁ。

Point

〈3年生らしい姿を取り上げる〉

3学期は、3年生0学期。3年生はすでに片足一歩を踏み入れていることを子どもたちに話します。そのうえで、子どもたちのがんばりの中から、3年生らしい姿を取り上げて、価値づけたいです。

03 始業式の事後指導

始業式の話の聴き方を、まずは全体や個別で価値づけます。

次に、校長先生のお話がどのような話かによりますが、そのキーワードについて子どもたちに必ず聞くようにしています。

「校長先生が始業式にお話しされたときに、3学期に大切にしてほしいことを3つ言っていました。何だかわかりますか?」

（挨拶、挑戦、丁寧）

覚えていた子たちを価値づけています。

「3つのうちあなたが特にがんばりたいことは何ですか? 決めたら隣の人に理由を言ってみよう」言語化することで行動につながります。

04 始業式（3学期）の注意点

1月の始業式に教師がいくら気合いを入れていても、子どもたちのエンジンがそこまで温まっていないこともあります。

子どもの様子を見ながら、まずは、久しぶりに学校に来ることができたことを受け止めてあげるだけでも十分です。

始業式だけでは子どもの行動は変わりません。

子どもたちの一つひとつの行動に対して

「3年生にみたいになってきたね」

「さすが中学年になる人はちがうなぁ」

「頼りになるなぁ。3年生に似てきたよ」

さまざま言葉をかける中で、子ども自身が「3年生」を意識できるようにしていきます。

学級会

▶ねらい

　新年の目標をみんなで考えることを通して一年の決意をもつことができる。

▶指導のポイント

　新年の目標を短冊などに書くクラスも多いです。

　今回は、新年の目標を、ジャムボードを活用して書いてみます。

　ジャムボードで取り組むよさは、自分のアイデアが浮かばないときに、友だちの目標を見て参考にできることです。

　タイピングが難しい子がいる場合は、音声入力などを教えて支援をします。

本時の展開

01　3年生0学期

　「3学期は、別の言い方をすると、『3年生0学期』です。どういう意味かわかる？」

　（3年生の準備するとき、半分くらい3年生ってこと）

　「その通りだね。3年生になるための準備をする大切な時期です。だから、2年生としてというよりも、3年生としてかっこいい行動を目指したいね」

　「では、かっこいい3年生になるために、みんなは、今年1年どんなことをがんばっていきたいですか？」

　このような形で、新年の目標（3学期の目標）をもつ意味を短く語ります。

02　ノート＋教師の確認

　いきなりジャムボードで書いてもよいですが、低学年の場合、一度ノートなどに書いてから打たせた方が、子どもにとって易しい場合が多いです。

　長い文章はタイピングするときに大変なので、一文で書くように伝えます。

　イメージが湧かない子がいるときは、例示として何名か発表させてもよいでしょう。

　また、丁寧に進めるなら、ノートに書いた子から先生のところに持ってくるように伝えます。

　こうすることで、目標としてあまり適していないものについて、アドバイスをすることが事前にできます。

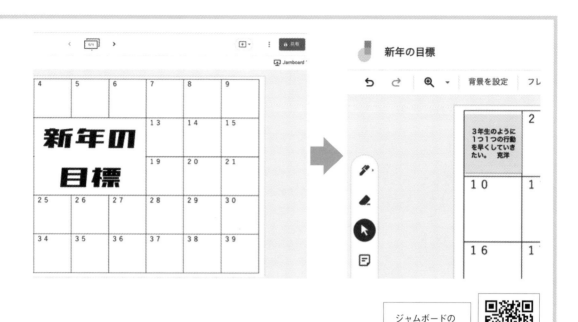

ジャムボードの
テンプレートQR

03 ジャムボードで目標執筆

　教師のチェックを受けた子から、ジャムボードにタイピングをしていきます。

　Google classroomなどを通じて、ジャムボードを配布します。

　事前に出席番号順の枠をつくったデータを用意すれば、自分がどこに付箋を貼ればよいか間違えることがありません。

　やり方に慣れていないと思う場合は、一度教師の画面をテレビやプロジェクターで映し出して、やり方を確認したほうが、混乱が少なく取り組めます。

　もし、一度にみんなで取り組むことに不安がある場合は、出席番号の○番までの人が取り組むように、限定してもよいです。

04 お互いの目標を見ての交流

　自分の目標が書けて終わりでもよいのですが、せっかくなら相互に目標を参照できるメリットを活用したいです。

　「友だちの目標を見て、この目標いいなと思った目標や、もう少し詳しく目標のこと聞きたいなと思った人はいましたか？」

　（僕は、Aさんの3年生として一つひとつの行動を早くしたい。という目標がよいと思いました。行動を早くすれば、低学年のお手本になると思ったからです。）

　このような感想を発表することで、お互いの目標へのフィードバックが行われます。

　これらの目標は印刷して、教室の見える場所に掲示しましょう。

かけ算②

▶ねらい

「10ます計算」を使って、かけ算を短時間で続けて練習し、かけ算を使える状態にする。

▶指導のポイント

かけ算九九を2年生で一生懸命指導しても、3年生のわり算の単元ではすっかり忘れてしまっている子がいます。

これは、かけ算九九を「覚える」だけで「使える」状態にしていないからです。

今回紹介する「10マス計算」はかけ算九九を「覚える」から「使える」にするプリントです。

使い方は以下の通りです。

・1日に5回取り組む（①から⑤まで）

・次に日は⑥から⑩をやる

・かけ算は0→1→2→5→3→4→6→7→8→9と簡単な順でやる

下段の「10ます計算の書き方」に書いている「テストで10秒切れたら合格」はあくまで目安です。学級の実態によって変えてください。

「全員できた」が一番大切です。難しい7の段や8の段は20秒OKなど、学級でいろいろ工夫してください。

また、朝の学習の時間や算数の最初の5分などを使って毎日取り組むことが効果的です。

本時の展開

01 10ます計算の書き方

① 左の一番上のマスに×の記号を書く

② 隣のマスに覚えたい九九の段を書く
例 5の段なら5

③「よーいスタート」の合図で答えを書く

「よーいスタート」の合図で答えを書く！！

④ 教師はストップウォッチを見ながら「1」「2」「3」と秒数を言う

⑤ できた子は「はいっ」と言って自分のタイムを（　）に記録する

出来た子は「はいっ」と言って自分のタイムを（　）に記録する

①	
×	5
5	25
6	30
0	0
1	5
9	
7	
4	
2	
8	
3	

⑨	
×	5
5	25
6	30
0	0
1	5
9	45
7	35
4	20
2	10
8	40
3	15

10ます計算

年　　組　　名前（　　　　　　　）

① ( )	② ( )	③ ( )	④ ( )	⑤ ( )	⑥ ( )	⑦ ( )	⑧ ( )	⑨ ( )	⑩ ( )
5	2	7	1	4	9	6	0	8	3
6	4	8	0	3	7	2	9	1	5
0	5	9	6	1	8	7	3	2	4
1	0	6	2	7	3	8	5	4	9
9	6	1	8	5	2	0	4	3	7
7	8	4	3	6	5	9	1	0	2
4	7	3	9	2	0	5	8	6	1
2	1	0	5	8	4	3	7	9	6
8	3	5	4	9	6	1	2	7	0
3	9	2	7	0	1	4	6	5	8

10ます計算の参考文献

杉渕 鐵良著　ユニット授業研究会著『全員参加の全力教室―やる氣を引き出すユニット授業』日本標準

⑥ タイムは20秒まで言う
⑦ 20秒を超えたら×と書く
⑧ 答え合わせをする。教師が答えを言い、間違っているものだけ赤で直す。

⑨ ①から⑤までやって⑤はテスト（⑥から⑩なら⑩がテスト）
⑩ ⑤を全員10秒切れたら次の段の九九の練習に進む。10秒切れなかったら、次も同じ段の九九を練習

20秒をこえたら×と書く！！

全員が10秒切れたら次の段の九九の練習

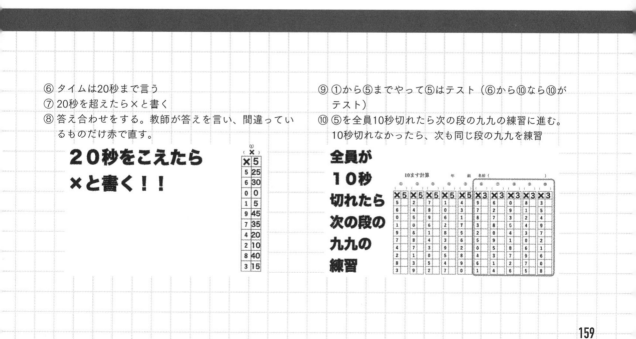

4月　5月　6月　7月　8月　9月　10月　11月　12月　**1月**　2月　3月

自分の成長を
ふりかえる

▶ねらい

　自分の成長をふりかえる活動を通して、周りの人の支えがあったことを知り、これからの成長への意欲につなげる。

　友だちのよさを見つけ、伝え合うことで、自分や友だちの成長に気づく。

▶指導のポイント

　以前の自分と比べて、成長したことを見つけます。自分だけで考えた後に、友だちから見た成長点も聞くようにします。自分の気づいていなかったよさを教えてもらうことで、自己肯定感が高まりにつながります。この後に、できれば学級の家庭環境に配慮しながら、保護者の協力もお願いします。

▶準備するもの

○カード型の用紙　4枚＋人数
○ワークシート
　（4枚のカードを貼る枠と最後の感想のふりかえりの書くスペースをつくる）
○前時までにまとめた「自分でふりかえった自分の成長」
○（保管してあれば）昨年度の2年生が「自分の成長」をまとめたものの写真

本時の展開

01 前時をふりかえる

前の時間は、自分の成長をまとめましたね。

　作文や、行事の写真などを提示して、1年生と2年生の生活を思い出し、自分の成長をふりかえってまとめたワークシートを準備します。それを見ながら、自分ができるようになったことを考えてふりかえります。

02 友だちの成長を見つける時間

友達の成長かぁ〜

　カード型の紙に、友だちの成長を書いてプレゼントするようにします。この活動のように自分以外の人から見つけてもらうとうれしいことも、伝えます。ペアをつくり、相手が成長したと思うことをカードに書きます。

03 見つけた成長を渡し合う

カードに書いた紙を、読み上げて相手に渡します。
カードに書いていること以外にも付け加えてもよいこ
とにします。カードをもらった子は、自分の成長を見
つけてもらったので、お礼を伝えるようにします。

教師がペアをつくる指示をするのは、カードがもら
えない子がいないようにするためです。

04 カードをもらった感想

手元にあるカードのプレゼントを見ながら、カード
を読んだ感想をワークシートに書きます。

最後に自分の成長をまとめるときに、友だちが見つ
けてくれた成長も付け加えるので、なくさないように
ワークシートに貼っておきます。

4月　5月　6月　7月　8月　9月　10月　11月　12月　**1月**　2月　3月

お礼の手紙

心のこもった感しゃの
お手紙を書こう。

1　感しゃの気持ち

見守ってくれて
ありがとうございます。

雨の日の風の日も
ありがとうございます。

▶ ねらい

登下校の見守りは、地域の方が行っている学校が多い。自分たちが地域の方に支えられていることに気づき感謝の気持ちをもつ。

▶ 指導のポイント

地域とのつながりは、とても大切です。自分たちが、支えてもらっていることに気づくことから始めましょう。

いつも見守ってくれる方たちに感謝の気持ちを伝える手紙の書き方を、形式を示しながら書いていきます。

直接お渡しできないこともあると思いますが、お礼の会などがあったときには、一言添えてお渡しできるように練習をします。

本時の展開

01 思いを込めてお手紙を書こう

いつも登下校を見守ってくれた方たちへお礼の気持ちを表したいことを伝えます。学校によっては、毎年、手紙で伝えているところもあると思います。

最初に、地域の方とのつながりを意識するために、見守ってくれた方たちとの思い出を交流します。

「いつも、挨拶してくれた」「荷物がいっぱいあるときに、『重そうだね。学校までがんばるんだよ』と言ってくれた」「転んだときに、助けてくれた」などできるだけたくさんの思い出を板書します。

交流のない子のために、担任から「雨の日も台風の日も、みんなの安全のために見守ってくれていたね」などと伝えます。

02 感謝の言葉を考えよう

どんな言葉で感謝の気持ちを伝えたらよいかを考えましょう。「今回は、お世話になった方へのお手紙だから、みんなでどんなことを伝えたいか考えましょう」と伝え、相手を意識した言葉づかいをするように促します。

「いつも見守ってくれてありがとうございます、かな？」「見守ってくださって、じゃない？」「ぼくたちのためにありがとうございます、でもいいよね」のように、意見が出てきます。敬語の間違いは教え、できるだけたくさん板書しましょう。板書に文例があると、自分で文章を組み立てるのが難しい子は、選んで書くことができます。

お手紙のれい

見守りたいの○○さんへ

1　感しゃの気持ちを表しましょう。

2　見守りたいの人との思い出はありませんか?してもらったこと、お話ししたことなど。

3　もう1回感しゃの気持ちを伝えて、相手を思いやる言葉でしめくくろう。

○○小　2年
○○　○○

2　見守りたいの
　　人との思い出

3　感しゃと
　　思いやる言葉

朝のあいさつ
助けてくれた
はげましてくれた

これからも
お体を大切に
お元気で

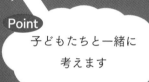

Point
子どもたちと一緒に
考えます

03 最後は、もう一度感謝

　最後にもう一度感謝の言葉を伝えて、相手を思いやる言葉をつけてお手紙を終えるようにします。

　手紙の作法として「大人でも、相手の健康や幸せを、お仕事上でもその人が活躍するように祈る気持ちを書いたりして、最後まで思いやりの気持ちを伝える」ことを教えると、子どもたちは考えます。

　手紙の作法を伝えることで、学年が上がったときには「感謝の手紙を書きましょう」という指示で、大切なことを逃さずに手紙を書くことができるようになるでしょう。

04 便箋に書こう

　思いを込めて考えた文章を、子どもたちはいつもより丁寧な文字で書こうとします。「美しい字の手紙だと、感謝の気持ちがグッと伝わりますね」とほめるチャンスです。

　「絵を描いてもいいですか?」「折り紙を貼ってもいいですか?」という質問が出てきたときには、「感謝の気持ちが伝わるように工夫するのは素晴らしいですね」と、目標に戻りながら、工夫を認めるとよいでしょう。

　子どもたちの手紙を冊子にして地域の方に渡すと、目を細めて喜んでくれます。その様子を学級で伝えると、子どもたちは感謝の気持ちを伝えることの大切さに気づくでしょう。

前向きに成果と課題を整理する2月

▶ **2月の目標**

　この学級で過ごす時間も残りわずかとなりました。「あれもできていない」「これがまだ足りない」と焦って必要以上に力を入れて指導しようとしても効果が得られないばかりか学級が居心地の悪い空間になってしまいます。そうではなく、これまでの学習に区切りをつけるタイミングであると考えて2月の学級経営をデザインした方が自分に自信をつけることにもなって効果的です。

2月の学級経営を充実させるために

　他の月よりも登校日が少ないだけではなく、卒業式に向けた取り組みなどが計画されることが多いことから、学級のためだけに使える時間はとても少ない月であると言えます。ですから、新しいことを始めるのではなく、これまでにやってきたことのあれこれをもう一度つないだり、まとめたりしていくことが基本的な発想になります。

　たとえば、日常の給食当番や清掃活動。これは言ってみれば「授業外でみんなのために働く」という活動です。この「みんな」をクラスの仲間だけではなく、学校全体に広げて考えてみるとどんな活動を仕組むことができそうでしょうか。清掃活動なら通常の活動では取り組まない場所や部分を生活科の中で清掃してみるという活動も考えられます。「なぜその場所を扱うのか」という理由づけに、これまでの学習活動をつなげるのです。「グラウンド近くの水道は、朝顔の水やりでたくさん使った」からゴミを取る。「学校菜園の周りは、3年生になったら使う」から、石拾いをしておくといった意味づけ＋活動により、今年度と次年度をつないでいくことができます。

　また、地域の「ひと・もの・こと」とのかかわりから考えてみましょう。毎日の登下校を見守ってくれているボランティアの方々に礼状を書くという活動も、これまでの学習活動をつなぎ、まとめる活動として無理なく取り組めるものでしょう。

　このように、「これまでの活動をふりかえり、自分の成長について考える活動」は、年度末を間近に控えたこの時期においてはとても大切であるとともに、子どもの変容も現れやすいところです。

「学級じまい」も視野に入れつつ

　これまでに制作してきた図工作品や書き溜めてきた作文を一つにまとめて持ち帰る用意も進めておくとよいでしょう。その過程でいわゆる成績処理も同時進行でやっていきます。要は「学級じまい」に向けた具体的な動きを始める月であるという見通しのもとに2月の過ごし方を考えていくとよいと思われます。

セロトニンつくっていますか？

1　気象痛とも関係してくる

　気圧と天気の話では、天気の変化とともに気圧が変化し、その結果として自律神経のバランスが崩れ不調になるというものでした。であれば自律神経のバランスを保つことができれば、体の不調も少しは改善されるのです。その自律神経を活性化させる「セロトニン」をつくり出すのが腸で、この腸を整えることで自律神経も整ってくるといわれています。セロトニン。黙って待っていても腸内で勝手につくってくれるわけではないのです。

2　「朝食を食べましょう」と言われるけれど

　2年生にして朝食を食べずに登校している子どもはいないでしょうか。生活リズムが乱れ、朝起きることができずに朝食を食べる時間がなかったり、家庭（保護者）の都合で食べることができなかったりすることもあるのかもしれません。朝食は「寝ている間に下がった体温を上げ、腸の働きを活性化させる効果」（佐藤、2022）があるのです。直接的に自立神経を整えることにつながるのです。状況によって難しい場合もあるのかもしれませんが、野菜ジュースだけでも、お味噌汁だけでも口に入れてから登校することで不調になるリスクを下げることにつながります。

3　セロトニンは貯蔵されない

　セロトニンは体内に貯蔵できる物質ではありません。セロトニンをつくり出すためにはトリプトファンが必要です。このトリプトファンは、たんぱく質に多く含まれています。朝の準備時間が短いときは大豆製品や乳製品などを手軽に食べ、日光を浴び、軽い運動をすることでセロトニンは多くつくり出されます。ですから、朝食を食べ、太陽の光を浴びながら、適度な距離の徒歩通学をすることでセロトニンはつくり出されることになりますし、その結果として不調になることが軽減されるのであればこれは毎日のルーティンとして、取り入れるのを検討する価値があるのではないでしょうか。

　ちなみに通学（ウォーキング）はリズム運動であり、リズム運動はセロトニン神経を活性化させるといわれていますし、加えて呼吸法を取り入れると効果は上がるそうです。

　外は寒くリズムよく歩くのもためられる季節ですが、だからこそ意識して学級で取り組むことで1日のスタートが活力あるものにしたいものです。

佐藤　純（2022）『「天気が悪いと調子が悪い」を自分で治す本』アスコム

有田秀穂（2008）『脳からストレスを消す技術』サンマーク出版

ボランティア活動

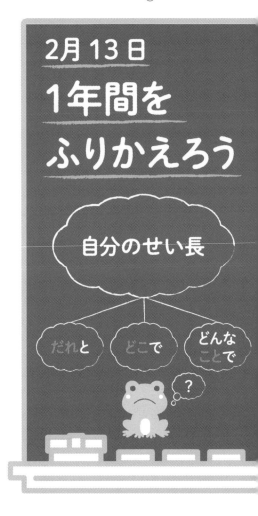

2月13日
1年間を
ふりかえろう

自分のせい長

だれと　どこで　どんなことで

?

▶ねらい

これまでに自分の育ちを支えてくれた場所への「おれい」として生活科と関連させながら単元を構想します。これまでの学びをこれからの学びにつなげていくことがねらいです。

▶指導のポイント

生活科や特別活動の学習を通して、これまでにかかわってきた「ひと・もの・こと」を想起します。そして、自分を育ててくれたことに対してどのような「おれい」ができるか考えます。ボランティアは自由意志に依ることが原則です。しかし、学校で授業時間に扱う以上、完全な自由意志になることはありません。そこで、自分にかかわる場所や相手への「おれい」とすることで、子どもたちの主体性が発揮される場面を演出します。

本時の展開

01 これまでの「ひと・もの・こと」とのかかわりをふりかえる

学級の掲示物やワークシート、画像などこれまでの活動をふりかえることができるものを活用して、「どんな人たちと出会ってきたか」「どんな場所に行ったか」「どんなことをしてきたか」についてふりかえります。そして、活動の中でがんばったことやできるようになったこと、自分の成長を感じられることについて話し合います。

・前は…だったけど、今は〜なった。
・前よりもずっと…できるようになった。

といった視点を提示して、子どもが発言しやすいようにしたり、これまでに書いたワークシートのふりかえりの中で、「いちばん」を選んだりすることも効果的です。

02 どんな「おれい」ができるか考える

子どもたちが自らのがんばってきたことや成長してきたことへの気づきを話し合いの中で十分に深めたら、「どうやっておれいしたらいいと思う?」と自分自身からこれまでにかかわってきた対象へと話し合いの方向を切り替えます。

・朝顔の花壇をきれいにしたい
・ザリガニのすいそうをそうじしたい
・幼稚園のお友だちにお手紙を書きたい

など、子どもの思いや願いを引き出しながら、「おれい」の表し方を検討していきます。配当できる時数にもよりますが、全員でできる20分間ほどの活動として構想すると無理なく取り組むことができます。

ひと

○○○さん、
○○○○組さん
▶ よみきかせ、VR たいけん

ばしょ

せいかつルーム、
まんねんばしこうえん
▶ ザリガニランド、まちたんけん
ぜんいんあそび

したこと

夏まつり　けん玉大会
ザリガニのおせわ
ようちえんほうもん
▶ 一年生やようちえんの
お友だちとあそんだ。

おれいに何が
できるかな

・おてがみ
・そうじ
・プレゼント
・いっしょにあそぶ
・しょうたいする

よろこんで
もらうには…。

03　「おれい」の計画を立て、実行する

　「おれい」を表す対象と、表し方が決まったら、実行に移すための話し合いを進めます。そのときに、以下のような視点を定め、ねらいから外れないようにするとよいでしょう。

・「いつ」行うのか
・「何のために」行うのか
・「どのくらい」行うのか
・「どんな気持ちを込めて」行うのか

　たとえば、「命の大切さ」に気づかせてくれた「ザリガニランド」をきれいにする活動なら「来年の２年生がザリガニといっぱい遊べるように、元気で生きてね」という気持ちを込めて、ザリガニのすみかを隅々まできれいにすることが考えられます。

04　「おれい」の活動をふりかえる

　活動が終わったら、取り組みの内容をふりかえります。その際には前項の視点を活用して話し合いを進めます。たとえば、ザリガニの水槽をきれいにする活動だったら、「きれいにすることができたか」「作業している間にはどんなことを思っていたか」「ザリガニは来年度にどんな姿を見せていそうか」といった切り口が考えられます。

　話し合いの様子は板書に整理していき、教師から価値づけします。子どもたちのさらなる意欲と自信につながるように、「こんなに思いやりをもってできたんだね。ザリガニも気持ちいいね」「すごく仲良く活動できたね」と肯定的なフィードバックを心がけます。

授業参観

うとてとこ

1

うとてとこ
うとうとうとう
うがよんわ
うとうとうとうと
いねむりだ
てとてとてとて

6

うとてとこ
うとうとうとう
うがよんわ
うとうとうとうと
いねむりだ
てとてとてとて
てがよんほん
てとてとてとて
らっぱぐく
てとてとてとて

11

▶ねらい

　「うとてとこ」の詩の意味を理解させ、全員の詩の読み方を変容させる。

▶指導のポイント

　ポイントは、音読を通してこの詩の「意味がわからない」から「わかる」へと変容させていくことです。

　授業の途中で音読する場面が出てきます。「さっきよりも音読が上手になっているね！すごい。」や「上手に読めているから、もう１回聞かせて！」など音読が変容していることを伝えるのも大切なポイントです。

本時の展開

01 1連の授業の流れ

【うとてとこ】と黙って板書。(上記１参照)
＊詩の題名であることを伝えますが、当然意味が分からないのでうまく読めません。授業の最後には意味がわかるようになることを伝え、ゴールをイメージさせます。

【うとうとうとう】と板書。(２参照)
＊数名を指名して読ませますが、ここもうまく読めなくて大丈夫です。

【うがよんわ】と板書。(３参照)
＊「う」とは鵜という鳥のことだと教えます。ここで２行目の「うとうとうとう」が「鵜と鵜と鵜と鵜」だから、３行目の「うがよんわ」は「鵜が４羽」という意味になることを押さえます。

【うとうとうとうと】と板書。(４参照)
＊どういう意味か子どもに考えさせ、数名に読ませます。眠くて「うとうと」しているという意味で読んでいる子がいれば、取り上げてほめます。
＊この後教師が「次、何て書くと思うか?」を問います。眠くて「うとうと」しているとわかっている子は「いねむりだ」と予想できます。

【いねむりだ】と板書。(５参照)
＊１連だけ全員で声をそろえて読みます。さっきまでまったく読めなかった詩が上手に読めるようになります。「すごい！上手になっていますね。」とほめます。

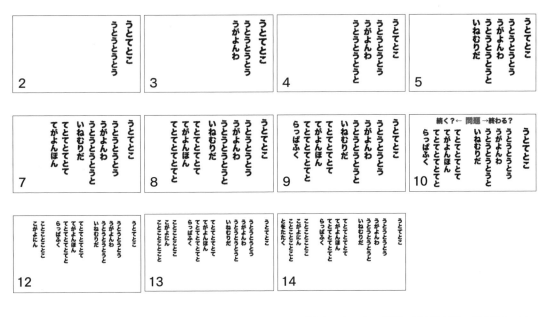

＊「うとてとこ」の授業の原実践は野口芳宏先生です。

02 2連の授業の流れ

【てとてとてとて】と板書。（6参照）
＊数名に読ませ、次を予想させます。
【てがよんほん】と板書（7参照）
＊「手と手と手と手」だから「てがよんほん」になることを押さえます。
【てとてとてとてとて】（8参照）
＊数名に読ませ、次を予想させます。
【らっぱふく】と板書（9参照）
＊1連と2連を全員で声をそろえて読みます。読みが上手になっていることをほめます。
＊「この詩はこれで終わりかどうか？」を聞きます。（10参照）題名が「うとてとこ」で、「う」と「て」しか出てないから「こ」がまだあることを押さえます。

03 3連の授業の流れ

【ことことことこ】と板書（11参照）
＊数名に読ませ、次を予想させます。
【こがよにん】と板書（12参照）
【ことことことこと】と板書（13参照）
＊数名に読ませ、次を予想させます。保護者を巻き込んで楽しく考えさせます。
＊この詩は、谷川俊太郎が作った詩であることを伝え、谷川さんはどう考えたかを伝えます。
【とをたたく】と板書（14参照）
＊最後に全員で声を揃えて最初から最後まで読み、「お勉強を通して、意味がだんだんとわかってきましたね。勉強してかしこくなった証拠です!!」と言って授業を終えます。

読み聞かせ⑪

キャッキャ

ワイワイ

▶ねらい

友だちについて、人との関係づくりについて、大切なことを絵本はそっと伝えてくれます。そんな絵本をたくさん読み聞かせして、友だちとのかかわりを考える機会にします。

▶指導のポイント

友だちについて書かれた絵本の中でも、登場人物が動物であるものを選びます。そのことで、登場する動物に共感できることと共に、感情移入しすぎずに俯瞰して場面を見つめながら聞くことができるでしょう。

有名なシリーズものの絵本を紹介します。シリーズものは変化していく登場人物たちの関係も楽しめます。

01 友だちってなんだろう？

内田麟太郎　作
降矢なな　絵
偕成社

『ともだちや』
「ともだち1時間100円」ののぼりを立てたキツネはオオカミの一言で友だちについて考えるようになりました。

02 心が通じ合うって何だろう？

きむらゆういち　作
あべ弘士　絵
講談社

『あらしのよるに』
真っ暗な小屋で相手が見えない中に生まれたヤギとオオカミの友情のお話です。

読み聞かせ⑫

▶ねらい

　手に取った本を最後まで読むことをせずに、すぐに変えようとする子どもがいます。興味がたくさん広がっているとも言えますが、1冊の本を最後まで読むという経験も積み重ねてほしいです。読書の世界を広げることも目的としています。

▶ポイント

　感想を短く書き、紹介する活動があるので、最後まで読まなければいけない状況になります。また、友だちの書いた感想をもとに、さまざまな分野の本に偶然出会う楽しさがあり、読書の世界を広げていきます。

わぁ～

01　ミステリーブックス

準備するもの
・さまざまな絵本を教室に用意します。児童の人数より10冊くらい多く用意します。
・新聞紙4、5日分　・セロテープ

① 1冊選んでその本を読み、感想を短く付箋に書きます。名前は書きません。
② 読んだ本を見えないように新聞で包み、感想を書いた付箋を貼って本を戻します。
③ 付箋を頼りに次に読む本を決め、読みます。
④ 再び、付箋に感想を書き、前にあった感想の隣に貼って新聞で包み直します。※ この活動を繰り返す

02　図書の分類を生かした本選び

　子どもたちと図書館に行くときに、棚を見るとどこにどんな本があるのかを大まかに教えると、本選びで迷う子が減ります。4の棚を示しながら「ここには自然の本があるよ」、6の棚に一緒に行きながら「乗り物の本はここにあるよ」と伝えるとよいでしょう。

4月　5月　6月　7月　8月　9月　10月　11月　12月　1月　**2月**　3月

節分

自分の名前と心の鬼を書きましょう。

やまだたろう

ろう下走っちゃうおに

子どものやりとりで心の鬼を板書していきます。

（例）・しゅくだいあとからにしちゃおうおに
　　　・おしゃべりしちゃおうおに
　　　・ケンカしちゃうおに

▶ねらい

　日本の季節の行事の意味を知る。また。心の鬼退治をすることで、自分を見つめる機会にしていく。

▶指導のポイント

○節分の取り組みです。コロナ禍により制約があり、豆まきを行うことも難しくなりました。そこで、日本の季節の行事について知ることと、自分の生活をふりかえるための時間にしてください。

○自分のできていないことを反省させるのではなく、問題を外在化して「やっつける」ということで、解決に向かう一歩になることを意識させましょう。

本時の展開

01 節分の意味を知る

　「節分」と黒板に漢字で書きます。節分は季節を分ける日であることを、漢字を説明しながら伝えます。季節は４つありますが、冬から春になるという「立春」の前の日を節分といい、豆まきをしたり、恵方巻きを食べたりして、家族の幸せ、健康を願う日であることを教えます。

02 鬼の住む場所は？

　鬼のイメージを質問します。桃太郎などの昔話を知っている子は、「悪者」のイメージをもっているでしょう。
　鬼の住む場所についての昔話を語ります。ゆっくり、間をとりながら語ると、子どもたちは話をしっかり聞きます。そして、次の活動に意欲的に取り組みます。
　「鬼はいろんなところで悪さをするので、町を追いやられて、山を追いやられて、空からも追いやられてしまいました。そして、最後にはどこに行ったと思いますか？　なんと、人の心に住むことにしたそうです。悪いと知っていても、ついついよくないことをしてしまうときには、心の鬼がさせているのかもしれません」

名前

心の鬼

2
月

03 心の鬼

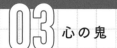

　ついついしてしまうのは、心の鬼のせいという話は、子どもたちも共感するでしょう。教師も「私は、ご飯前におやつをつい食べてしまいます。と自分の心の鬼を伝えると、子どもも自分の心の中にいる鬼を考えやすくなります。そして、ワークシートに書きます。

04 鬼退治

　心の鬼を黒板に貼ります。机は、後ろに下げ、広いスペースをつくりましょう。そして、新聞を丸めてボールをつくり、自分たちが書いた心の鬼に投げます。
　自分の課題を見つめ、それをやっつけようという気持ちの種をまく活動です。

未来志向で別れを彩る3月

▶ 3月の目標

　別れの季節です。「次の担任へ引き継ぐ」ことを前提として学級じまいを進めます。また、卒業式・終業式というゴールが設定されている月です。通知表の作成や指導要録の整理など学級事務も多くなります。あらかじめ自分なりの業務計画を作成しておくなど、見通しをもった仕事の進め方を心がけます。

３月の学級経営を充実させるために

　学校全体の動きに参加することが多くなる3月です。6年生を送る会、卒業式、終業式や離任式といった節目を彩る行事が続きます。このような行事においては、子どもたちが進級する喜びや自らの成長を願うことができるように、「先輩のすごさ・立派さ」に気がつく場面をつくるように心がけます。たとえば「あんな立派な発表ができてすごいね。さすが○年生だね」「あれができるようになるためには、…や〜をがんばってきたんだよ」「みんなも○年生になったら、…ができるようになるんだね。楽しみだね」といった言葉かけは、これからの学校生活に期待をもたせることになるでしょう。

　また、学級では1年間の生活を振り返り、自分の成長にも目を向けさせるようにします。壁に貼られた図工の作品や書きためてきた作文、日記、あるいは読書貯金や縄跳び記録カードや音読カードのような「貯金型」のワークシート。生活科で学校に来てもらった町内の方とやりとりした手紙。こうした、子どもたちにとっての自分の分身たちは雄弁に成長の跡を物語ってくれるでしょう。しかし、ここで頭の隅に置いておきたいことは、「なんだかうまくやれなかったなぁ」としょんぼりしている子どもの気持ちに寄り添うことです。友だちの作品と比べるとなんだか見劣りしてしまうかもしれません。もしかしたら作品自体を残せなかったかもしれません。そのような子どものためにこそ、教師からの「あなたのがんばりはここに表れていた」「あの姿は素敵だった」という勇気づけを届けたいものです。

　つまるところ、学級じまいにおいては、子どもたち一人ひとりの個別の物語が一つのゴールを迎えるという「終幕」に向けて価値づけをしていくのだと考えると、学習活動の意味がはっきりします。

特に引き継ぎ資料に入れたい観点

　・特別な支援が必要な子どもの情報、保護者との関係性　・連携をとりたい家庭とその状況
　・クラスのシステムの概要（複数学級の場合は各クラスの差異）　など
　これらは印象論ではなく、明確に言語化して伝える必要があります。また、解釈がぶれることがないように客観的なデータや具体例と合わせて伝えられるように心がけましょう。

行動の機能に着目する

1　授業中にふらっと立ち歩く子

先生が活動を指示した途端に自席から立ち上がりふらっと立ち歩く子ども。

算数の課題に取り組んでいたと思ったら遠くの席の子のところまでふらっと立ち歩いて子ども。

グループで活動していたと思ったらいつの間にかいなくなっている子ども。

先生が描いている学習の様子から逸脱して、立ち歩いている子どもは教室内にいませんか。

先生が呼び止めるとよけいに逃げていってしまう子どもは教室内にいませんか。

2　行動には４つの機能がある

行動が持つ機能には「要求」「逃避」「注目」「感覚」の４つがあります。目の前で起こっている行動がこの４つの機能のうち、どの機能をもつのかを考えるところから始めます。そして、行動を起こしたことでどのような結果が得られたのか、行動を起こす前にはどのような場面や手がかりがあったのかを整理・分析していきます。これがABC分析（A:Antecedent、B:Behavior、C:Consequence）もしくは「機能アセスメント」と呼ばれるものです。

3　先生の反応は？

先生が課題を出して指示をした途端に自席から立ち上がり、先生の方を何度もふりかえりながら教室から出ていこうとするAさん。

さて先生はこの状況でどのような反応をしますでしょうか？

① すぐに追いかける　② しばらく様子を見る　③ 声だけかける

④ 他の先生にお願いする　⑤ その他

4　行動の機能によって反応を変える

子どもが示す行動がどの機能をもつのかていねいに分析することが必要です。この場合、Aさんは何度もふりかえっていることから「注目」の機能がありそうです。

Aさんにとって先生に見てほしいための行動ですが、先生にとっては望ましい行動ではないわけです。ですから、先生は反応しないほうがよいでしょう。ただし、これだけではAさんは別の行動を起こします。適切な注目の方法、手を挙げる、呼びかけるなどを教えます。加えて、先生から先にAさんにかかわるとよいでしょう。この時期だからこそ、今一度子どもたちの行動をていねいに見取りたいものです。

引用・参考文献

P.A. アルバート/A.C. トルートマン著（2004）『はじめての応用行動分析　日本語版第２版』二瓶社

島宗　理著（2019）『応用行動分析学』新曜社

今本　繁著（2021）『応用行動分析に基づくASDの人のコミュニケーション支援』中央法規

林　大輔著（2022）『自閉症・知的障害者支援に役立つ氷山モデル・ABC分析　シートの書き方・活かし方』中央法規

6年生を送る会

▶ねらい

6年生に感謝の気持ちを伝えるために、「ありがとうレンジャー」を楽しく演出する。

▶指導のポイント

6年生に感謝の気持ちを伝える「ありがとうレンジャー」を各クラス5人ずつ決めます。

3クラスなら15人の子が「ありがとうレンジャー」になります。

「ありがとうレンジャー」の衣装は、「あ」「り」「が」「と」「う」を書いた画用紙をビニールなどに貼り付けます。最初は、後ろを向いて文字が見えないようにしておき、「ありがとう」を言うときにふりかえり文字が見えるように演出します。

また、「ありがとうレンジャー」のポーズを各クラスで考えます。「ヒーローっぽいポーズを考えよう！」と声をかけるととても盛り上がっておすすめです。

ポーズは「ありがとうレンジャー」という場面でとります。各クラスがそれぞれちがうポーズでもいいし、各クラスで考えたポーズからよいポーズを決めてみんなで同じポーズをしてもよいです。

本時の展開

01 各クラスで練習

全体で練習する前に、各クラスで練習をしておきます。練習内容は以下の3つです。

① セリフの練習
②「ありがとうレンジャー」のポーズの練習
③ 合奏の練習

セリフは声の大きさや間のとり方を練習します。「セリフとセリフの間は2拍空ける」など最初に決めておくと全体がスムーズにできます。

ポーズの練習は休み時間などにありがとうレンジャーの5人を集めてやります。

合奏は音楽の時間に練習します。

02 全体で練習

各クラスである程度練習したら体育館で全体練習をします。

全体練習にかける時間は多くても3時間です（できれば2時間で終わらせたい）。間違っても6年生を送る会の練習のために、たくさんの時数を使わないようにします。

全体練習は一番盛り上がるところからやると、子どもはやる気になります。

今回ならありがとうレンジャーの場面がそうです。ここで楽しくほめながら全員をやる気にさせます。

あとは、声の大きさや間のとり方や合奏のテンポなどがそろえれば完成です。

6年生をおくるかい

2年（　　　　　　　　　）

赤　青　黄　ピンク　緑の「ありがとうレンジャー」をクラスで一人ずつ決める

（　　　　　　）6年生のみなさん
（　　　　　　）ごそつぎょう　おめでとうございます。
（　　　　　　）いつも　ぜんりょくで　いっしょうけんめいな6年生
（　　　　　　）かんしゃのきもちで　いっぱいです。
（　　　　　　）6年生にかんしゃのきもちをつたえる
（　　　　　　）ヒーローをしょうかいします。

赤（　　　　）あ　★うしろをむいていてふりかえる
青（　　　　）り　★うしろをむいていてふりかえる
黄（　　　　）が　★うしろをむいていてふりかえる
ピ（　　　　）と　★うしろをむいていてふりかえる　※
緑（　　　　）う　★うしろをむいていてふりかえる
全員　　　　ありがとう　レンジャー　★ポーズ

（　　　　　　）うんどうかいでのソーランぶし
（　　　　　　）ぜんいんが　かっこよくて
（　　　　　　）かがやいていました。
（　　　　　　）力をあわせてがんばる　たいせつさ　を
（　　　　　　）おしえてもらいました。
（　　　　　　）ありがとうございます。

※をくりかえし
（　　　　　　）なかよしタイムでは
（　　　　　　）いつも　たのしいあそびを
（　　　　　　）かんがえてくれました。
（　　　　　　）ドッジボールにおにごっこ
（　　　　　　）みんなであそんだ　じかん　は
（　　　　　　）たいせつな　おもいで　です。
（　　　　　　）ありがとうございます。

※をくりかえし
（　　　　　　）やすみじかんは　わたしたちと
（　　　　　　）いっしょにあそんでくれましたね。
（　　　　　　）たのしくうれしくて
（　　　　　　）もっともっと　あそびたかったです。
（　　　　　　）ありがとうございます。

※をくりかえし
（　　　　　　）さいごに、6ねんせいに
（　　　　　　）「がっそう」のプレゼントをします。
（　　　　　　）きいてください。
（ぜんいん）きいてください。
（ぜんいん）（♪山のポルカをえんそうする）
（　　　　　　）これで2年生のだしものをおわります。
（　　　　　　）きをつけ　れい

学級会

思い出メッセージカード　イメージ

> 思い出カード
> テンプレートQR
>
> 真ん中の写真の
> ところは修正して
> 使ってください。

▶ねらい

　クラスの思い出を、タブレット端末を活用してつくろう。タブレット端末を活用して学級解散パーティーをすることで、クラスの思い出をつくることができる。

▶指導のポイント

　3月の学級会では、学級解散パーティーを実施したいです。

　クラスでドッジボールや鬼ごっこをするだけでも、もちろん楽しいですが、タブレット端末を活用すると、さらに思い出に残るパーティーが実施できます。

　今回は、ジャムボードを使っての思い出メッセージカードとカフート（Kahoot!）による思い出クイズを作成します。

本時の展開

01 学級解散パーティー

　このようなお楽しみ会の企画は12月同様に、子どもたちから実行委員を募集して行うことが多いです。

　今回、その中の企画として、教師から2つ企画を提案します。

① カフートによる思い出クイズ

　1年間のクラスの出来事にちなんだクイズをカフートというアプリを使って出します。クイズの中身は、実行委員と一緒に考えてもよいと思います。

② ジャムボードメッセージカード

　クラスの仲間へのメッセージカードをジャムボードの付箋で集めます。

02 ジャムボードメッセージカード

　1月の新年の目標をジャムボードに書いた方法の応用版です。

　クラス一人ひとりに、みんなから付箋で、お別れのメッセージを集めます。

　これは学級解散パーティー当日ではなく、その1週間くらい前から、隙間時間や45分程度学活の時間を確保して、子どもたちにお互い書く時間を用意するとよいです。

　お互いにメッセージを書くことを恥ずかしがる子もいるかもしれませんが、これが最後だから、しっかり気持ちを伝えることが大切だということを教師が語るとよいでしょう。

　中央には、その子の写真やクラスの集合写真を飾ると素敵です。

カフート　思い出クイズイメージ

　みんなが正解しやすい問題がよいです。4択クイズをつくるときは、1つは絶対に違うお笑い要素のある答えを用意すると盛り上がります。右のQRコードを読み取ると、カフートの問題作成と問題の解答ができるサイトが利用できます。

03 カフート　思い出クイズ

　カフート（Kahoot!）とは、ノルウェー発のウェブアプリです。

　クイズ（4択問題や〇問題など）をオンラインで、ゲーム感覚でできます。

　授業で使うこともできるのですが、このようなお楽しみ会で大活躍するアプリです。

　実行委員からアイデアを募集したり、クラスの思い出ランキングをGoogleフォームでアンケートをとったりして、それをもとにクイズをつくるのも面白いです。

　カフートの詳しい使い方は、「ゆーぼーGoogle認定イノベーター」さんの動画が参考になります。

04 それぞれの活動の留意点

① カフート　思い出クイズ

　カフートを用いてのクイズの経験が一度もないと、操作方法に慣れることだけに時間がかかって、楽しめない場合があります。

　そのため、事前に関係ないクイズや授業で一度は体験しておく方がスムーズに取り組めます。

② ジャムボードメッセージカード

　メッセージが浮かばない子には、友だちの書いたものを参考にしてよいことを伝えます。

　最後、全員分を印刷してあげると、子どもたちや家族も喜びます。

卒業式

高めていきます。

▶ ねらい

お世話になった6年生に感謝の気持ちを表します。儀式的行事への参加の仕方について礼法指導を通して体験的に学ぶとともに、廊下装飾などで別れの場面を彩ります。

▶ 指導のポイント

儀式的行事においては、形式を守り態度を整えて「凛とした空気」を感じさせることが大切です。式の意義を言葉で説明することももちろんですが、儀式に参加する体づくりのほうに重点を置いた指導をします。

また、卒業式に向けて特別な装飾を施すことは、ハレとケの区別という文化を教える意味があります。子どもたちと一緒に楽しみながら卒業式関連のさまざまな取り組みへの参加意識を

卒業式へのふたつのアプローチ

01 「心を形で表す」ことを教える

礼法指導には以下の内容が考えられます。
・着席しているときの姿勢の指導
・礼の指導　・起立と着席の仕方の指導
・校歌（式歌）の指導
座り方と礼の仕方は次のようにします。
【座り方】
① 両足を床につけてきちんとそろえる
② 背もたれに軽く寄りかかるか、足が床から離れない位置で深く座る
③ 手は、膝の上にパーかグーで置く
【礼の仕方】
○礼は、挨拶をする人が一歩前に出たら礼（1、2）、3で体を起こす

02 別れを彩る装飾活動に参加する

卒業式にかかわって、学校内の装飾計画が職員会議で提案されることと思われます。最近では「働き方改革」の一環として過度な装飾は避けられる傾向にありますが、シンプルな中にも子どもの「思い」を込めた装飾を実施しましょう。卒業生へのメッセージをカードに書いて掲示するパターンを例にとると、
① 卒業生とのかかわりを想起する
② 感謝の気持ちや励ましの気持ちを込めてメッセージを書く
③ メッセージカードを貼りつけながら掲示を完成させる
という流れが考えられます。①を丁寧に行うことでOnly Oneの作品が生まれます。

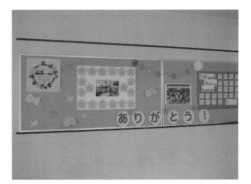

学級じまい

▶ねらい

下記の指導のポイントの3つことを実行して、別れを惜しみ、出会いにわくわくする学級じまいにする。

▶指導のポイント

学級じまいに向けて私は次の3つのことをします。

1　別れを意識
2　別れを惜しむ
3　別れを告げる

この3つのことを下記で紹介しています。

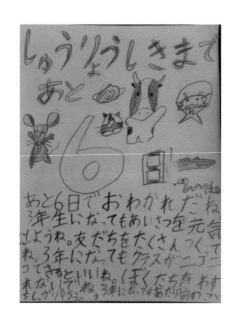

本時の展開

01　カウントダウンカレンダーで「別れを意識」

カウントダウンカレンダーとは卒業式や修了式までのカレンダーのことです（上記画像参照）。
カウントダウンカレンダーをつくるときのポイントは次の3つです。

① 一人1枚つくる
② メッセージを書く
③ 掲示する

①について
30人学級なら30枚のカレンダーができます。学活の時間などで書く時間を必ずとります。

②について
メッセージは書いた子本人が朝の会で読み上げます。カウントダウンカレンダーの数字が小さくなっていくたびに徐々に別れを意識しだします。

③について
カウントダウンカレンダーはクラスみんなが見える場所に掲示します。時おり見返し、
「もうすぐお別れだねー」などと話題にします。カレンダーが掲示されるにつれて、だんだんとクラス解散が近づき、別れを意識していきます。

あなたたちと出会い一年がたとうとしています。やるべきことはやってきたか、言うべきことは言ってきたか、自問自答しながらこの日を迎えることになりました。そして、ごめんなさい。いきすぎの部分もあったかもしれません。これだけは嘘偽りない本当の気持ちです。

ありがとう。先生についてきてくれて。みんなのことが大好きです。

最後に何を話そうか色々と考え、先生の昔話をしようと思います。そのお話します。「今でも忘れられない言葉」があります。

大学を卒業してすぐ3年生38人の担任となりました。初めての担任なので、先生を指導してくれる先生がいました。中田先生です。

中田先生との思い出はたくさんあるのですが一番印象に残っているのは六月の算数の授業のことです。

その時の授業の様子は「鉛筆で遊んでいる子」「ぐでーっと寝て授業を聞いていない子」「おしゃべりが止まらない子」と、めちゃくちゃでした。授業の最後には蜂が教室に入ってきて大騒ぎになって授業が終了しました。

授業が終わって図書室で、授業の振り返りを中田先生としました。当然、先生は「中田先生から叱られる」と思ったのです。それくらい、クラスの子たちには申し訳ないと思う授業したと自覚していました。でも、中田先生は違いました。

「今日の授業良かったですよ。」

「でも、子供たちは 全然集中していませんでした。なんだか子供に申し訳なかったです」

「大丈夫ですよ。これからいろんなことを勉強して先生が成長していけばいいんだよ。あなたならできるよ!」

その言葉があったから今、ここで君たちに話をすることができています。

あの言葉がなければ、きっと先生を辞めていたと思います。だから、先生も君たちに偉そうかもしれないけれど、言いますね。

『君ならできるよ』

本当にお別れです。別れをいつも意識することはありません。節目節目で振り返ればいいのです。今日がその日です。

そして、4月になれば素敵な出会いをしてください。素晴らしい出会いがあるのです。

今のクラス以上に、素敵なクラスを作っていってくださいね。

02 クラス解散パーティーで「別れを惜しむ」

学級じまいの1週間前くらいにクラス解散パーティーをやります。パーティーの内容は何でもよいです。ドッジボールや鬼ごっこで十分です。

大切なのは、

「みんなでこうやって楽しく遊べるのはもうあと1週間なんだ」

と意識をさせることです。

楽しい思い出やみんなと過ごした思い出があるほど、別れが美しいものになっていきます。

03 学級通信で「別れを告げる」

クラス解散の日に私は、学級通信を読み上げて別れを告げることをしています。

伝えたいメッセージは一つです。

「今日1日は別れを惜しみなさい。でも明日からは新しい出会いにわくわくしなさい」

この考え方は向山洋一先生から教わりました。

そして、次の向山先生の言葉を最後に伝えるようにしています。

「出会いがあるからこそ人の世は素晴らしく
別れがあるから人の世は美しい」

終業式

▶ねらい

1年の終わりを迎える終業式は、別れの日であり区切りの日です。1年を簡単にふりかえりつつ、心からの「感謝の言葉」と「別れの言葉」を伝えられるとよいでしょう。

▶指導のポイント

どんな言葉を贈るかはクラスのたどってきた道のりによって変わります。いろんなメッセージや伝え方が考えられますが、大切なことは次の点に集約されます

相手に届く内容や方法で届けること

せっかくの別れのメッセージなのですから、その子たちに最も届きやすく響きやすい形で伝えることが望ましいでしょう。

例として、私が若かりし頃に書いた最終日の学級通信・実例を載せておきました。内容は荒っぽくて熱っぽくて、固さが目立ちます。しかし、当時はこれが日常だったので最後も同じ形で別れのメッセージを送りました。

最後の日は、思いがあふれて言葉が散らかることも少なくないので、話す内容を通信にすべて書き納めて読み上げる方法もおすすめです。もちろん写真や映像を活用するのもよいでしょう。子どもたちの心に届く形でメッセージを伝え、よい別れをつくり上げてください。

4月6日。みんなと出会い、2年〇組がスタートした瞬間。
あの期待と希望に満ちた瞬間を、今でもはっきりと覚えている。
出逢いの日を素晴らしいものにするため、私は数週間前から準備を繰り返した。
最初にする話は、エジソンの話に決めた。
失敗を恐れず、何事にも挑戦してほしい。そう思いを込めながら、教室を暗くし、ライトを片手に話の練習をした。
学級文庫を揃え、百人一首やコマ、けん玉などの遊び道具を用意した。
みんながどんな本や遊びに熱中するのか、ワクワクしながら一つ一つ物を配置した。
学級通信を、ありったけの熱を込めて書いた。
タイトルは皆気に入ってくれるだろうか。初めて読んだ時の感想はどうだろう。
書きながら色々なことが頭をよぎった。
誰もいない教室で、名前を呼ぶ練習をした。
名簿を見ずに、笑顔でその子の目をしっかり見て、名前を呼びたいと思った。
黒板に進級祝いの言葉を書いた。席順を決め、机といすを並べた。
掃除をし、掲示物を貼った。一つの作業を終える度、胸が高鳴った。
みんなとの歴史をスタートさせるための作業一つ一つが、嬉しくて仕方なかった。
そうして訪れた、みんなとの出会いの瞬間。
全員が揃って席に座っている姿を見た時、私は震えるほど嬉しかった。
あれから1年が過ぎた。
思い返せば、個人としてもクラスとして色んなことにチャレンジした一年だった。
逆上がり全員達成。　漢字テスト全員満点。　全校での大縄集会準優勝。
跳び箱、百人一首、算数、読書、発表、討論、日記、水泳、視写他にも、それぞれが自分の「から」を破る瞬間を、たくさん目にしてきた。
その喜びの瞬間を支え、後押ししたのは、君たち一人ひとりが作り上げこのクラスである。君たちは、本当に凄いクラスを作った。
この学級は、いつも笑顔が絶えなかった。そして、素晴らしい応援力を秘めていた。
みんなの笑顔と、カ一杯の応援が、信じられないほどの凄いドラマを何度も引き起こした。その度に、「何てすごい子たちなんだ」と腹の底から思った。

もちろん、私の方は成功ばかりじゃあなかった。
力加減の下手くそな私だ。体当たりで指導したこともあった。
いつだってアクセル全開の私を、暑苦しく感じた時もあっただろう。
だが、力を抜いて適当な日々を過ごすことは、私には出来なかった。
君たち一人ひとりは、あふれるほどの力を秘めたダイヤの原石だ。
なんにだってなれる可能性を持っている。
だから、現時点の自分にできる事は、1つ残らず全てやろう。
そして、決して限界を作らず、みんなと一緒に最後まで挑戦し続けよう。
そう思いながら、1年間を過ごしてきた。

みんなと今日まで過ごした日々。本当に毎日が充実していた。
私は、みんなの頑張る姿を見るのが好きだった。
友だちと励まし合いながら、果敢に挑戦する姿を見るのが好きだった。
苦手な事でも、コツコツ努力する姿を見るのが好きだった。
友だちと、仲良く笑い合う姿を見るのが好きだった。
そして、努力の末に壁を乗り越えた、あの達成感にあふれた笑顔を見るのが何よりも
好きだった。
その、輝きに満ちた日々を終えることは、私にとって寂しいことだ。
でも、悔いは無い。
この1年間、今の私にできる事は全てやり切ったと思えるからだ。
それが出来たのは、みんなの真剣でひたむきな姿があったお陰である。
最後の今だからこそ、声を大にしてみんなに言える。
今まで、ありがとう。私は、みんなの担任になれて、本当に幸せだった。

1年間、大きくたくましく翔け上がったみんなの姿は、本当に素晴らしかった。
けれども、これはゴールではない。
来年、君たちは3年生となり、一つ上の階段を歩み始める。
今までの自分を乗り越えるべく、新たな挑戦が始まるのだ。
私も、全く同じだ。
私は、今年の自分に来年まだ挑戦する。そして、このクラスにも挑戦する。
教師としての腕を磨き、2−○を超える素晴らしいクラスを作ってみせる。
だから、みんなもしっかりと歩みを続けてほしい。
今年1年間を全くの過去のものとするような、素晴らしい未来を作っていってくれる
ことを心より願っている。今まで本当にありがとう。さようなら。

　　　　　　　　　　　　　○○年3月○○日　　2年○組担任　　○○○○

保護者の皆様へ
　1年間、本当にお世話になりました。修了式の今日まで、大過なく過ごすことが出来たのは、
保護者の皆様が見えるところ・見えないところ両方で様々にお力添えして下さったお陰だと思っ
ています。数々のご協力、誠にありがとうございました。心から感謝しております。
　悔いの残らぬように精一杯やってきたつもりですが、足らない部分も沢山あったことと思いま
す。ですが、これが現時点の私の精一杯でした。力不足の点はお許しください。
　本日、皆さんの大切なお子さんをお返し致します。1年間、誠にありがとうございました。

学級通信「○○」は本日をもって廃刊致します。長らくお付き合い頂きありがとうございました。

編著者・執筆者紹介

【編著者】

渡辺　道治（わたなべ　みちはる）

2006年北海道教育大学卒。同年より奈良県天理小学校にて勤務。2013年JICA教師海外研修にてカンボジアを訪問。2016年グローバル教育コンクール特別賞受賞。2017年北海道札幌市公立小学校にて勤務。国際理解教育論文にて東京海上日動より表彰。2019年ユネスコ中国政府招へいプログラムにて訪中。JICAの要請・支援を受けSDGs教材開発事業としてラオス・ベトナムを訪問。初等教育算数能力向上プロジェクト（PAAME）にてセネガルの教育支援に携わる。各地の学校にてSDGsの出前授業を展開。著書に「心を育てる語り」「BBQ型学級経営」（東洋館出版社）、「学習指導の『足並みバイアス』を乗り越える」（学事出版）などがある。

【執筆者】（執筆順）

渡辺道治

p.1/8-35/98-99/104-105/114-15/134-135/184-185

藤原　友和（ふじわら　ともかず）函館市立万年橋小学校

p.38/44-45/60/70/76-77/82-83/86/94-95/100/112/120/132/142/
　152/164/166-165/174/180-181

郡司　竜平（ぐんじ　りゅうへい）名寄市立大学保健福祉学部社会保育学科

p.39/61/87/101/113/121/133/143/153/165/175

高橋　優（たかはし　ゆう）　　小田原市立公立小学校

p.40-43/52-53/56-57/68-69/74-75/80-81/88-89/102-103/108-109/122-123/126-129/
　136-141/144-145/158-159/168-169/176-177/182-183

山崎　克洋（やまざき　かつひろ）小田原市立公立小学校

p.46-51/54-55/62-63/72-73/78-79/90-93/96-97/106-107/116-119/124-125/
　154-157/178-179

戸来　友美（へらい　ともみ）　　北海道公立小学校

p.58-59/64-67/84-85/110-111/130-131/146-151/160-163/170-173

カスタマーレビュー募集

本書をお読みになった感想
を下記サイトにお寄せ下さ
い。レビューいただいた方
には特典がございます。

https://www.toyokan.co.jp/products/5124

イラストで見る
全活動・全行事の学級経営のすべて
小学校２年

2023年（令和5年）3月20日　初版第1刷発行

編著者：渡辺　道治
発行者：錦織　圭之介
発行所：株式会社東洋館出版社
　　　　〒101-0054　東京都千代田区神田錦町2丁目9番1号
　　　　　　　　　　コンフォール安田ビル2階
　　　　代　表　電話03-6778-4343　FAX03-5281-8091
　　　　営業部　電話03-6778-7278　FAX03-5281-8092
　　　　振　替　00180-7-96823
　　　　ＵＲＬ　https://www.toyokan.co.jp

装丁デザイン：小口翔平＋須貝美咲（tobufune）
本文デザイン・組版：株式会社明昌堂
イラスト：オセロ（池田　馨）
印刷・製本：株式会社シナノ

ISBN978-4-491-05124-6　　　　　　　　　　Printed in Japan